生死學叢書　傅偉勳　主編

死亡的眞諦

——從容迎接死亡的睿智

小松正衛　著／王麗香　譯

東大圖書公司

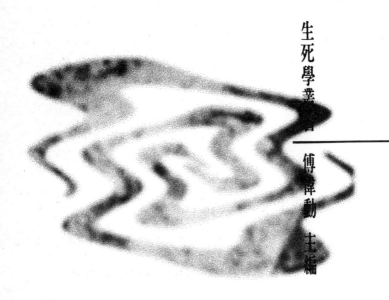

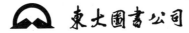

國家圖書館出版品預行編目資料

死亡的眞諦：從容迎接死亡的睿智／
小松正衛著；王麗香譯.--初版.--
臺北市：東大發行：三民總經銷，
民86
面；　公分.--(生死學叢書)
參考書目：面
ISBN 957-19-2061-4 (平裝)

1.死亡

191　　86001007

國際網路位址 http://sanmin.com.tw

©死亡的真諦
——從容迎接死亡的睿智

著作人 小松正衛
譯者 王麗香
發行人 劉仲文
著作財產權人 東大圖書股份有限公司
發行所 東大圖書股份有限公司
地址／臺北市復興北路三八六號
電話／五〇〇六六〇〇
郵撥／〇一〇七一七五──〇號
印刷所 東大圖書股份有限公司
總經銷 三民書局股份有限公司
門市部 復北店／臺北市復興北路三八六號
重南店／臺北市重慶南路一段六十一號
初版 中華民國八十六年四月
編號 E 19025
基本定價 貳元陸角
行政院新聞局登記證局版臺業字第〇一九七號

ISBN 957-19-2061-4 (平裝)

「生死學叢書」總序

兩年多前我根據剛患淋巴腺癌而險過生死大關的親身體驗，以及在敝校（美國費城州立天普大學宗教學系所講授死亡教育(death education)課程的十年教學經驗，出版了《死亡的尊嚴與生命的尊嚴——從臨終精神醫學到現代生死學》一書，經由老友楊國樞教授等名流學者的強力推介，與臺北各大報章雜誌的大事報導，無形中成為推動我國死亡學(thanatology)或生死學(life-and-death studies)探索暨死亡教育運動的催化「經典之作」（引報章語），榮獲《聯合報》「讀書人」該年度非文學類最佳書獎，而我自己也獲得「死亡學大師」（《中國時報》）、「生死學大師」（《金石堂月報》）之類的奇妙頭銜，令我受寵若驚。

拙著所引起的讀者興趣與社會關注，似乎象徵著，我國已從高度的經濟發展與物質生活的片面提高，轉進開創（超世俗的）精神文化的準備階段，而國人似乎也開始悟覺到，涉及死亡問題或生死問題的高度精神性甚至宗教性探索的重大生命意義。這未嘗不是令人感到可喜可賀的社會文化嶄新趨勢。

配合此一趨勢，由具有基督教背景的馬偕醫院以及安寧照顧基金會所帶頭的安寧照顧運動，有了較有規模的進一步發展，而具有佛教背景的慈濟醫院與國泰醫院也隨後開始鼓動臨終關懷的重視關注。我自己也前後應邀，在馬偕醫院、雙蓮教會、慈濟醫院、國泰集團籌備的臨終關懷基金會第一屆募款大會、臺大醫學院、成功大學醫學院等處，環繞著醫療體制暨醫學教育改革課題，作了多次專題主講，特別強調於此世紀之交，轉化救治(cure)本位的傳統醫療觀為關懷照顧(care)本位的新時代醫療觀的迫切性。

在高等學府方面，國樞兄與余德慧教授（《張老師月刊》總編輯）也在臺大響應我對生死學探索與死亡教育的提倡，首度合開一門生死學課程。據報紙所載，選課學生極其踴躍，居然爆滿，出乎我們意料之外，與我五年前在成大文學院講堂專講死亡問題時，十分鐘內三分之一左右的聽眾中途離席的情景相比，令我感受良深。臺大生死學開課成功的盛況，也觸發了成功大學等校開設此一課程的機緣，相信在不久的將來，會與宗教（學）教育、通識教育等等，共同形成在人文社會科學課程與研究不可或缺的熱門學科。

我個人的生死學探索已跳過上述拙著較有個體死亡學(individual thanatology)偏重意味的初步階段，進入了「生死學三部曲」的思維高階段。根據我的新近著想，廣義的生死學應該包括以下三項。第一項是面對人類共同命運的死之挑戰，表現愛之關懷的（我在此刻所要強調的)「共命死亡學」(destiny-shared thanatology),探索內容極為廣泛,至少包括(涉及自殺、死刑、安樂死等等)死亡問題的法律學、倫理學探討,醫療倫理(學)、醫院體制暨醫學教育改革課題探討,(具有我國本土特色的)臨終精神醫學暨精神治療發展課題之研究,老齡化社會的福利政策及公益事業,死者遺囑的心理調節與精神安慰,「死亡美學」、「死亡文學」以及「死亡藝術」的領域開拓,(涉及腦死、植物人狀態的)「死亡」定義探討,有關死亡現象與觀念以及(有關墓葬等)死亡風俗的文化人類學、比較民俗學、比較神話學、比較宗教學、比較哲學、社會學等種種探索進路,不勝枚舉。

第二項是環繞著死後生命或死後世界奧祕探索的種種進路,至少包括神話學、宗教(學)、文學藝術、(超)心理學、科學宇宙觀、民間宗教(學)、文化人類學、比較文化學,以及哲學考察等等的進路。此類不同進路當可構成具有新世紀科際整合意味的探索理路。近二十年來愈行愈盛的歐美「新時代」(New Age)宗教運動、日本新(興)宗教運動,乃至臺灣當前的種種民間宗教活動盛況等等,都顯示著,隨著世俗界生活水準的提高改善,人類對於死後生命或死後世界(不論有否)的好奇與探索興趣有增無減,我們在下一世紀或許能夠獲致較有「突破性」的探索成果出來。

第三項是以「愛」的表現貫穿「生」與「死」的生死學探索,即從「死亡學」(狹義的生死學）轉到「生命學」，面對死的挑戰，重新肯定每一單獨實存的生命尊嚴與價值意義，而以「愛」的教育幫助每一單獨實存建立健全有益的生死觀與生死智慧。為此，現代人的生死學探索應該包括古今中外的典範人物有關生死學與生死智慧的言行研究，具有生死學深度的文學藝術作品研究，「生死美學」、「生死文學」、「生死哲學」等等的領域開拓，對於「後傳統」(post-traditional)的「宗教」本質與意義的深層探討等等。我認為，通過此類生死學的種種探索，我們應可建立適應我國本土的新世紀「心性體認本位」生死觀與生死智慧出來，有待我們大家共同探索，彼此分享。

依照上面所列三大項現代生死學的探索，這套叢書將以引介歐美日等先進國家有關死亡學或生死學的有益書籍為主，亦可收入本國學者較有份量的有關著作。本來已有兩三家出版商請我籌劃生死學叢書，但我再三考慮之後，主動向東大圖書公司董事長劉振強先生提出我的企劃。振強兄是多年來的出版界好友，深信我的叢書企劃有益於我國精神文化的創新發展，就立即很慷慨地點頭同意，對此我衷心表示敬意。

我已決定正式加入行將開辦的佛光大學人文社會科學學院教授陣容。籌備校長龔鵬程教授屢次促我企劃，可以算是世界第一所的生死學研究所(Institute of Life-and-Death Studies)之設立。希望生死學研究所及其有關的未來學術書刊出版，與我主編的此套生死學叢書兩相配合，推動我國此岸本土以及海峽彼岸開創新世紀生死學的探索理路出來。

一九九五年九月二十四日傅偉勳序於
中央研究院文哲所（研究講座訪問期間）

「生死學叢書」出版說明

本叢書由傅偉勳教授於民國八十四年九月為本公司策劃，旨在譯介歐美日等國有關生死學的重要著作，以為國內研究之參考。傅教授從百餘種相關著作中，精挑二十餘種，內容涵蓋生死學各個層面，期望能提供最完整的生死學研究之參考。傅教授一生熱心學術，對推動國內的生死學研究風氣，更是不遺餘力，貢獻良多。不幸他竟於民國八十五年十月十五日遽爾謝世，未能親見本叢書之全部完成。茲值本書出版之際，謹在此表達我們對他無限的景仰與懷念。

東大圖書公司編輯部　謹啟

前言

人類誕生時，便註定了死亡。

不僅是人類，動物或植物，一切的生物都會死亡，不屬生物的山、海或岩石之類的物體，常常反復變化而存在著，片刻也不是原來的模樣。

美國有句諺語說道：「死亡及稅金一定會拜訪每個人。」

只不過，不止是植物，動物們也不知道自己不久將死亡，這或許可說是神的恩寵。

屬於動物的人類，頭腦異常地發達，並且，被賦與萬物之靈的特權，是地上橫行無阻的獨裁者，不過人類必須付出的代價，是不得不自覺自己即將死亡。

但是，那不可視為人類的不幸，應該認為「能夠知道，真好」，培養超越它的理智力量，悠然地活著。

人類在有生之時，常常忘卻自己會死亡一事。江戶時代有一位狂歌❶師在臨死之際，說道：「一直以為死亡是別人的事，想到自己即將死亡，簡直難以忍耐。」這可說是一般人的心聲吧！

我們平時忘卻自己會死亡一事，也是神賜與人類的恩惠。

但是，人類偶爾會想起這件事，而恐懼不已。那是因為恐懼患病而亡時的肉體痛苦嗎？或者與自己所愛的家人或親密朋友分離而悲傷呢？還是恐懼只有自己將永遠消失呢？

一切雖因人而異，但對於告別目前和平快樂生活的悲傷，我想是萬人共通的。

然而，有些人卻自行選擇死亡。這類的人往往是因為無法解決的金錢問題、嚴重的家庭失和、罹患不治之症的絕望等各種的不幸，喪失生存的自信，而選擇死亡，如果他（她）的人生路是平坦且幸福的話，大概不會自殺吧？

為了延續生命，被賦與自我防衛本能，誕生到世上的人類，畏懼死亡是理所當

❶譯註：狂歌乃江戶時代中期民間流行的一種以諷刺、滑稽為目的的短歌（短歌乃和歌的一種，由五、七、五、七、七等三十一個音組成的歌）。

然的，也是正確的態度。

但是，一味恐懼死亡是無法成就任何事的。唯有具有正確的智慧及理解，去闡明何謂生、何謂死，並藉而思考死亡，才能建構美好的生命。

在長遠的人類歷史中，人們時而喜悅，時而悲傷，各自抱持信仰、智慧、覺悟、達觀等，從容地走向死亡。

西洋的自然科學，認為死亡是回歸於無；基督教徒相信那是蒙主寵召；佛教則主張自己或個體是暫時的假象，死亡是回歸於全體的一種寧靜。

緬懷過去一些功成名就、光榮死去的先人們的足跡，藉由對生與死的正確認識，從日常培養當「那時刻」來臨時，從容迎接死亡的智慧與覺悟，是不可或缺的。

因為那將可以讓我們度過正確且充實的人生。

死亡的真諦——從容迎接死亡的睿智

目次

第四章　迎接死亡的準備

……把心放置何處？如何生活呢？

第一章　所謂生與死

……對人類而言，何謂「死亡」？

人類藉由神佛了悟「生」與「死」的時候

距今兩千五百多年前，佛教的始祖釋迦牟尼出生於印度，是為釋迦族的王子。就地理位置而言，從現在的尼泊爾南方，到印度國境附近的塔萊盆地，是釋迦族的領土。

他是一位年輕又聰穎的王子，每日不斷地苦思人生的種種問題，特別是他想藉由修行，來解決生、老、病、死四重苦，所以毅然地出家了。

我們無從了解古代當地的習俗，但是至少可以了解佛祖以一國王子之尊，捨棄地位及妻兒斷然地出城，一定是懷抱相當的苦惱，並且更抱持著克服這些苦惱的決心，才能辦到吧！

日本的西行❶雖身為捍衛皇室的武士，卻頭也不回地甩開妻兒緊抱不放的手，

❶譯註：日本中世紀的著名僧侶，第四章中將詳細介紹。

毅然出家。另外，道元❷的父親雖貴為內大臣❸，他卻因為母親的離世，而決意出家。在幕府末期的越後❹地方，良寬❺拋棄高官厚祿，投身佛寺。

上述人物的行止，與往後達到開悟境地，成為佛陀的喬答摩・悉達多的境遇，非常相似。

佛陀在修行末期，三十五歲時，在菩提迦耶的菩提樹下沈思瞑想之後，頓時開悟。後來他指導投身門下的弟子們，並遍歷中印度各地四十五載，八十歲時，圓寂於拘尸那國。

佛陀闡述的教示，是以下述事物為目的——世間的一切都是「諸行無常」，應該了悟「諸法無我」的真實，解除種種煩惱的束縛，以達「涅槃寂靜」的境地。因此，「不為諸惡，行善，以淨己心」是非常重要的。佛陀如是說。

❷譯註：日本佛教曹洞宗的開山始祖，本章將陸續介紹。
❸譯註：掌管玉璽、國璽，頒布詔書及宮廷內文書等事務的長官。
❹譯註：今之新潟縣。
❺譯註：江戶時代末期的僧侶，文學造詣高，在第二章中將專文介紹。

早期的經書《法句經》中，有這麼一句話：「怨因怨而翻騰；怨因不怨而沈靜。」這種想法非常博大精深。

還有，老子的話：「以德報怨」，也湧上我心頭。

佛陀及老子都是距今二千五百多年前的人，雖然兩人相距數千里之遙，卻同樣擁有澄澈明透的聖人之心。

關於這一點，孔子的看法就稍有不同。《論語》中有這麼一句話：「以直報怨，以德報德。」

《漢摩拉比法典》中，有「以眼還眼，以牙還牙」的說法，與孔子的想法非常接近。

對於二次世界大戰的日本戰俘，中華民國的蔣介石採取「以德報怨」的仁心，迅速地遣送他們回國。這種身為軍人及政治家的遠大胸懷，可說是得到老子的真傳。

今日，美國的對外戰略，常常採取「以眼還眼」的政策，完全承襲了《漢摩拉比法典》的精神。至於何者正確，我想每個人都心知肚明。

佛教有一部《般若心經》，其中有「色不異空，空不異色，色即是空，空即是色，受想行識，亦復如是」，還有「不生不滅，不垢不淨，不增不減」。

從上述的話語中，可以了解佛法的教示是自然的、科學的、一點也不迷信。

在江戸時代的日本佛教界，以前世、後世的思想，及地獄、極樂說等方式，企圖將佛教傳播到民間。

佛教傳入中國是在佛祖之後的五百年，後漢明帝的時候。在四世紀時，鳩摩羅什將許多佛典翻譯成漢文。

接著，玄奘披星戴月十七年，到印度學習，帶回許多佛典。這些佛典的漢譯本一直到六、七世紀才完成。

後來，經過朝鮮半島，傳到日本的佛教，隨著飛鳥、奈良、平安等朝代的更迭，以各種形態進駐人們的心中。

從平安時代末期到鎌倉時代，出現了許多位天才佛教徒，如明惠、法然、親鸞、道元、日蓮等。我想，佛祖一定料想不到，淨土、淨土真宗、天台、真言、日蓮、曹洞、臨濟、黃檗等宗派，會如雨後春筍般，紛紛創立。

德川幕府（江戸時代）採懷柔政策，佛教成為其下層組織，然而彼此爭權奪利，使得佛教寺院逐漸墜入墮落的深淵。同時，為了救濟一般庶民的權宜布教方式，更使得佛教的教義低俗化。

不過，即使教義低俗化，如果能拯救眾多的庶民，還是有某種宗教的價值存在。然而，現代國民教育水準提高，現代更是凡事講求證據的「科學萬能」時代，但是佛教卻似乎逐漸失卻了以往將大眾從苦惱中拯救出來的力量。

所以，我們現在必須讓佛教回復佛陀所講述的原始風貌。

今日日本佛教傾向於回復到佛陀時代，去學習原本單純的佛教。目前許多年輕的佛教徒，開始這麼做了，這真是一件令人欣喜的事。

日本有許多佛教的宗派，其中最具日本特色的是淨土教。

淨土教的根本思想，認為現世是穢土（凡人所在的不淨之世），並且是一種以死後可以在如來佛的西方極樂世界，得到重生為理想的來世思想。

淨土真宗的開山祖師——親鸞，發大願「願指引世間無知、愚魯的人們一條佛祖的廣闊救贖之道」，並且虔信阿彌陀佛的本願，教示眾生只要誦唸「南無阿彌陀佛」六字名號，就可以往生。

親鸞認為這些「他力的信仰」，是「為了世間無知、愚魯的人們」，其實人類全都是無知、愚魯之徒，也或許信仰的本義就在於此！

良寬上人修治儒、道，長期在曹洞禪林嚴厲修行，晚年時，曾詠詩：

我這樣的人可有喜悅
我想去佛陀的國度

唯有愚魯之身才有大喜悅
我想那才合乎佛陀的誓言

人若問起良寬離世否
回答南無阿彌陀佛吧

如這首詩般，良寬留下許多充滿淨土門徒味道的詩歌，從這裡看來，所謂信仰，其實就在信仰某種大事物中。

筆者從年輕時，就對佛教極感興趣，在澤木興道老師處參禪；受教於田中忠雄老師；無限景仰良寬上人，因而不斷學習至今。

然而，不才的我距佛道尚遠，不知自己了悟到何種境地。

現時七十七歲的我，只覺得佛祖教示的「佛」、老子闡述的「道」、孔子尊崇的「天」，及今日我們所思考的自然、宇宙的「真理」，不是指相同的事物嗎？是的，我相信它們是一樣的。

在這些「天的道理」中，或許正如老子所言，它並無意志。不過，我相信那是一種自然形成並帶來結果的作用。

佛陀傳播的正統佛教的生死觀，是佛陀在菩提迦耶的菩提樹下悟得時的因緣思想，也就是藉「世間的種種因緣」我們才得以誕生、成長。

並且，在因緣窮盡時，生成分子四散而去，等待另一生命的誕生及生成的時刻來臨。

屆時，人類不再有「個人」或「我」的存在。

無需悲傷，個體也是地球的一部分，是宇宙性的存在，我們應將它視為只是形體改變而已。

流傳於西藏的「人類死後會復生」的思想

《西藏度亡經》經出版、媒體的介紹，而廣為人知。

現代是科學萬能的時代，愈來愈多人認為人類的死亡，就是肉體與精神的消滅，並且，由於ＡＩＤＳ之類的不治之症到處蔓延，使得人們更加關心死亡的問題。

就這層意義而言，我們不難了解何以《西藏度亡經》會在西方，特別是美國引起那麼大的回響，及罹患ＡＩＤＳ之類病症的病患會那麼關心了。

《西藏度亡經》主要描述西藏化的佛教，及以「人類即使死亡，也會藉由輪迴而復生」的想法。

我想起某位東方人士的話。

「我聽說日本人中，有許多佛教信徒，但是他們的信仰心非常薄弱。」

實際上，印度或西藏一帶的佛教徒，他們信仰之深之切，實在令人動容。在電視等常可見到信徒面朝聖地，不論路途多遙遠，一律行「五體投地」之禮，匍匐前進，如果沒有深厚的信仰心，絕對難以達成。

相較之下，日本人的參拜，只不過在寺院或神社裡，投下微薄的香油錢之後，輕輕行禮而已。

相信人死後會復生的西藏佛教，認為最高領袖達賴・喇嘛死後，一定會轉世投胎到某地的兒童身上，成為下一任的達賴・喇嘛。

在《西藏度亡經》中，人死後，僧侶會前來，並在死者枕邊誦經七七四十九日，這是為了指引死者投胎轉世的行為。

然後，死者的家人，特別是女性，在這四十九日裡，每逢死者的祭禮，會悲傷地飲泣。並且，哭泣一事，是必須在平時就加以練習的。

負有導師職責的僧侶，曾說過以下這段話：

「良善男子，死亡來造訪你。絕不可對這世間執戀不已。你可以看見前方非常光明閃耀，如同春天原野的煙霧一般，搖曳閃亮的亮光。再稍微向前進一些，如來佛將現身你面前。你將成佛，在明亮閃耀的五光十色中，你的五體及心，都將溶入其中。」

如同上述一般的咒文，將反覆在死者耳邊連續誦唸四十九日，那是現代的我們難以想像的極度有耐性的行為。

筆者以為這種行為與其說是跟死者說話，倒不如說是給活著的人的一種安慰，及希望他們忘卻死者的一種行為來得恰當。

不過，那是這塊土地的信仰。因為信仰而行動，其中有一種無可取代的真實存在。

西藏的人們若認為那是真實，它就是真實。

無視路途遙遠，五體投地地匍匐前進；在死者的枕邊連續四十九日說話的信仰儀式，那是不容外人置喙的信仰。

西藏佛教認為，人類即使在今世死亡，他的精神也會轉世投胎到別人的肉體上，西藏人們如此深信不疑著。

人類的轉生，是因為染色體或基因，生命才得以延續下去。雖然我們不自覺，但是與我們相同的人類，曾存活在過去。

過去的自己變成現在的自己存在著。現在的自己將變成未來的自己，生生不息。

針對所謂個體，自我的自覺、甚至於錯覺，最近在報紙的專欄上有一則投書如下：

> 人類的身體，不停地進行新陳代謝。今日這個肉體在三個月後，將完全替換成新的組織。所謂的自我，是存在於肉體之上，但是，自我的基礎——肉體，只消三個月，便可替換成新品，這件事使得認為自我是恆久不變的看法，變得奇怪起來。

佛教中常常教示：「世界上沒有個體或我，只是宇宙的一部分碰巧形成人類的形體形成生命罷了。」這已獲得醫學上的證實。

近年臨死體驗經常造成話題，集結各種經驗談的書更是如雨後春筍一般。

所謂臨死體驗，是指人類因交通事故之類的因素，或罹患重病陷入昏迷時，在生與死的交界所發生的事。擁有這種體驗的人因得以倖存重返人世，而道出這些體驗。

自古以來臨死體驗者非常多，現在也有許多人有這種體驗。

臨死體驗因人、情況而異，不過，大致是類似以下的經驗：

當事人陷於危急狀態。醫師和護士及親人們或採取緊急措施或已半放棄之際，陷入危急狀態的他，精神（靈魂）突然抽離肉體，在病房的半空中飄浮，俯視著看護自己的人及陷於痛苦中的自己。

然後，因為某種因素，靈魂又重回肉體，回復身心一體的病患身份。

徘徊於生死邊界時的狀態，或許只是一瞬間，在那瞬間，過去的人生彷彿電影一般，飛快逝去。

自己彷彿逐漸被吸入黑暗的隧道一般，然後，前方一片白光閃耀，不久自己也溶入其中。四周洋溢著難以言喻的祥和及幸福感，彷彿被宇宙的愛團團包住一般。

希望自己一直處於那狀態中時，逝去的父母或親人出現眼前，告訴自己「你不要來這裡，回去原來的世界。」

親人或醫師、護士的聲音不斷響在耳際，聲聲呼喚著自己。發現到這一點，自己的意識馬上回到躺在床上、罹患重病的自己身上，周圍的人們才因而一展愁眉。

接著，奇蹟似地病情逐漸好轉，很快地便恢復健康。於是，告訴大家自己的臨死體驗。

許多臨死體驗者往往因此抱持一種大難不死的平穩的來世觀，不畏懼死亡，既往的價值觀完全改變，不再關心世俗的名聲及物質生活，蛻變成關懷世間人類，充滿愛心的人物。

所有的人在面臨死亡時，或許都曾經經歷這樣的狀態，只是因為無法重返人世，所以不能告訴大家自己的親身經歷吧！

也有一些人的臨死體驗並不愉快。他們陷入惡夢中，走向死亡。

關於這些臨死體驗，由於是有關人類的生死大事，所以，在美國甚至設有「探討臨死體驗研究所」，企圖從醫學上來研究臨死體驗。

關於人類的死亡問題，筆者並不相信這些神靈的現象，及天國、來世的存在。但是，我確信宇宙的規則及真理的存在。並且我也以為真有充滿幸福感的臨死體驗存在。

地球自有生物以來，在永恆的時間中，宇宙的運行賦予了生命遺傳上的神祕因子，當人類面臨死亡時，便運作那些因子。

根據筆者不科學的頭腦思考的結果，私自以為人的腦部會分泌某種物質，當人類面臨死亡時，便自然地釋放出來，以便支配腦部。

連人類創造出來的電腦也望塵莫及的宇宙構造、如神技般被巧妙地創造出來的人類的肉體，在最後階段見到的美麗火花，或許就是臨死體驗吧！

在人類世界裡，還有許多未知的自然科學及哲學上的問題，尚待解答。現在，人類才走到半途中呢！

莊子為何諭示勿因死而悲呢？

與生平事蹟歷然的孔子、孟子、莊子等人相較，老子連出生國家、時代，都模糊不清。

根據司馬遷《史記》的記載，某日通過某關口時，老子曾因關守尹喜的乞求，而寫下五千餘字的《老子》。

之後，老子消失無蹤，只留下「去西國」的流言而已。不過，那也非定說。

大致上，老子一名恐怕也非真名，只是一種暱稱或假名罷了。

根據道家的傳說，「孔子年少時，曾問禮於老子」，這恐怕也非定說。

自古以來，「孔孟思想是中國兩千五百年來的正統文化思想，其骨子裡隱然流著老、莊的道家思想。」這種說法甚囂塵上。

孔孟思想教示人們「身為社會人，應採取的正直生存之道」；而老莊思想，則認為「應順從天地自然的真理，悠然地生活」。為了治國，我想為政者會以前者為正統之學的原因，不點自明。

然而，在相同的大地、風土中生活的人們，基本上想法應該不會有太大的差異，或許可以這麼說吧：儒家及道家是相同一棵樹上的兩朵不同的花。

老子學說的中心思想，乃「道常無為，而無不為」。

老子的「道」，就是孔子的「天」，也就是我們今日所講述的「大自然的真理」、「宇宙的意志」。

換言之，「大自然的意志、宇宙的真理，是指自然地運作，沒有任何的意志作用。然而，天地運行的結果，是圓滿無缺的，沒有任何的遺漏」。

《老子》中，曾述及「天網恢恢，疏而不漏」，即是「宇宙的法則在乍見之下，或許疏而不密，但若有輕侮它的行為出現，必定遭受天罰。」

從這些地方來看，老子的說法與自然科學的思考方式，非常接近。不過，老子又說：

「天道不親，常與善人。」

天道對每個人都是一樣的公平，然而，它常成為善人的後盾。

老子鼓勵人們：「順應大自然的道理來生活，就不會錯。」從這一點來看，其中蘊含著一些宗教意味。

從印度傳來的佛教，所以能毫無滯礙地在中國生根，或許與老莊思想有某些相近之處吧！

即使在尖端科技發達的現代，老莊思想並未失去它的新鮮感。那麼，老子及莊子是如何看待人類的死亡問題呢？

人類在誕生的同時，就背負著死亡的宿命。只要是人類，沒有不思考死亡問題的。因此，深入思考死亡問題的人，就是賢人，也是聖人。

莊子在《莊子》中，曾這麼說過：

「生死，命也。其有夜旦之常，天也。人之有所不得與，皆物之情也。」

另外，在〈大宗師篇〉中，也闡述：

「夫大塊載我以形，勞我以生，佚我以老，息我以死。故善吾生者，乃所以善吾死也。」

也就是說，年老可以得到安靜，死亡可以得到休息。並且，肯定人生的人，必定可以欣喜地接受死亡。

另外，莊子在〈至樂篇〉中，述說一個寓言故事：

莊子行經楚國時，發現一具髑髏。莊子用馬鞭敲打它，並且說道：「你為什麼變成髑髏呢？是因戰爭被殺害？還是因飢貧而亡呢？」入夜後，更將骷髏當作枕頭枕著入眠。

夜半，莊子夢見髑髏。髑髏對莊子說：

「人類似乎為死亡一事而苦惱著，其實死亡，並非那樣痛苦。在死的世界中，上無天子，下無臣下，也無四季的變化，更沒有寒暑。是一全然自由的天地，與天地的生命是一體的，是連王侯的快樂生活也難以比擬的幸福世界。」

莊子難以置信，於是又詢問髑髏：

「如果我拜託造物主，請祂讓你回復原本的模樣，讓你回到故鄉的父母或妻兒身邊，你覺得如何？」

這時，髑髏回答道：

「不，叫我捨棄目前的快樂，再度回到那個勞苦的世界，是不可能的。」

這是莊子為了讓身處亂世的人們，能擺脫死亡的恐懼，而寫下的寓言。

凡事都是自然現象，死亡、誕生是一種循環，不因生而喜，毋需因死而悲。莊子如此述說著。

宇宙的氣如果集中在一點上，就產生一個生命；相反地，如果一旦氣散了，就成為原子或分子散落四方。然後，不知何時氣又再度聚集，又產生生命。

屆時，或許沒有活在當下的自覺了。但是，原本宇宙中，就沒有個人、個體的存在，所有事物全部是宇宙的一部份。

只是偶然地，因為頭腦異常發達的動物誕生了，所以才產生個人或自我的錯覺。

或許我們可以說，道家思想其實與佛教的教義，是非常相似的。

蒙田的「人生目的」

米歇爾・德・蒙田的三冊厚實的*ESSAYS*，是人類偉大的智慧結晶，更是必須傳承後世的珍貴經典。

一五二三年，蒙田誕生於位在法國波魯多及貝利格之間的蒙田館，是貴族之子。為了蒙田的將來，其父特別關注他的教育，讓他學習法律，後來蒙田進入政界，一五五七年成為波魯多高等法務院的參議。

一五七〇年蒙田辭退法官的職務，回到蒙田。他在塔中構築書房，專心讀書及思索生活。

蒙田的成就，是不斷書寫浩翰的*ESSAYS*，直到離開人世。

他那廣大深遠的人生哲學，成為近代哲學與文學的規範。其中，一些關於生死的記述，令人玩味再三。

蒙田說：「人生的目的（終點）就是死亡。」也就是說，對我們人類而言，死亡是目標。

如果人類的死亡是目標的話，每個人一定天天提心吊膽。不過，這樣的人並不太多。因為人們平日並不思考那些事。如果目前既年輕又健康，根本就不會想到死亡一事。

蒙田又說：

「死亡，常可在我們周圍的人們身上看到，幾乎每天都看得到，這是一件極為平凡平常的事實，但大多數的人卻極力地逃避思考死亡。但是，這樣就可以不遭遇恐怖的死亡了嗎？一點也不。所以，我們不妨倒過來，從日常生活裡去瞑想死亡，從平日開始習慣、親近死亡。」

親近死亡，蒙田的這句話，恐怕無法引起平日不思考死亡的人們的共鳴。這是為什麼？因為沒有人知道與死亡親近的方法，也沒有人能傳授我們。

並且，一旦自己面臨恐怖的死亡時，那些方法也派不上用場。一般人都這麼認為。

蒙田又說：

「誠然恐怖的死亡如果矗立眼前時，那些平日的準備或許派不上用場，但是，至少在那一瞬間來臨之前，可能可以因此安穩地生活下去。僅僅考慮這一點，就絕對不是壞事。並且，自然每日每日一點點地侵蝕我們的生命，所以當我們年老、終於面對死亡時，也不會大苦大悲了！」

另外，在*ESSAYS*中，有許多關於生死的記述。特別是談到有關人們為死亡而悲傷的愚蠢，特別令人印象深刻。

蒙田說道：「悲傷百年後我們不存於人世，正如同感嘆百年前我們不存在人間一般，實在非常愚蠢。」

世界第一的長壽國——日本，即使生於斯長於斯，也只能俯仰人世八十年或九十年吧！

在這短暫的時光中，思考人生的短長、幸與不幸，實在是很可笑的舉動。與「永遠」相較之下，一切都是短暫的。

蒙田又說：

「你們只要活過一日，就見到了一切。」

這句話令我想起江戶時代的一位日本的狂言❻師的詠嘆：「即使活到百歲，也是面對同樣的月色、同樣的花朵，夠了夠了，再見。」詠嘆完便辭世了。

蒙田曾受命為王室侍從武官，也擔任波魯多市的市長一職四年，為國家社會貢獻良多，後來於一五九二年九月十三日離開了他的家鄉與人世。

蒙田的思想影響後來的尼采及安德雷・紀德頗深，也影響莎士比亞甚鉅，不僅是英國，他甚至是全歐洲的思想家們的先師。

❻ 譯註：狂言乃是日本的傳統舞臺藝術，在演奏能樂的中場時，演出的一種以滑稽及諷刺為主的舞臺劇。

針對恐懼死亡的心，道元禪師說過的話

道元禪師是日本曹洞宗的始祖。我這句話可能會受到道元的斥責也說不定。道元曾說過：「佛教不可有宗派。甚至我的弟子中，如果有人自稱是曹洞宗者，就不是我的弟子。佛教徒只是學習釋迦牟尼的道而已。」

在日本佛教史中，鎌倉時代初期是一大變革期，把在那之前，專屬於皇室或貴族的佛教，變成一般庶民的信仰。這是念佛的法然、親鸞、一遍，及禪宗的榮西、道元、法華經的日蓮等天才們的偉業。

無視道元的素願，曹洞宗的名號誕生了，淨土、真宗、時宗、臨濟、黃檗、日蓮等的各宗派，也相繼問世。

從平安時代末期到鎌倉時代（西元十一世紀至十三世紀），佛教的興盛景況，與西元前數百年前孔子、孟子、老子、莊子、蘇格拉底、亞里斯多德等天才們輩出

的時代，非常相似。

那是社會及時代的需求嗎？日本在明治黎明期，許多人物如吉田松陰、坂本龍馬、西鄉隆盛、勝海舟、橋本左內、佐久間象山等人，紛紛闖蕩人世，叱咤風雲。

道元禪師出生於正治二年（一二〇〇年）。父親是內大臣久我通親，母親是攝政⑦藤原基房的女兒。

道元自幼天性聰穎，相傳四歲時就會誦唐詩，七歲時即能讀《詩經》、《左傳》。他三歲喪父，八歲失母，在母親的喪禮上，他眼見線香的煙霧繚繞，頓悟生死無常，因而發心。

道元又因母親臨終之際的一句話：「出家以慰後代子孫們。」而毅然決然出家。

夜半，待夜深人靜，道元出訪比叡山的良觀法眼，道明出家之意。翌年，建保元年（一二一三年）在天台座主的公円僧正的門下，剃度出家，達成心願。

之後，道元日夜潛心苦修，卻發現一個大疑問，他詢問周遭的前輩們，也無法得到滿意的答覆。

⑦譯註：當天皇年幼或病弱時，代天皇行使政權的人。

他的疑問是：「我聽說人類出生便具備佛性，三世的諸佛是因此發心、不斷修行而達正覺的嗎？如果人類本來便生而為佛，那麼與刻苦修行而成佛一事，不正好矛盾嗎？」

不久，因公円辭去天台座主一職，道元便下山，轉投兩度自宋朝回國，成立臨濟宗的榮西禪師門下。

榮西是最先接受鎌倉幕府皈依的僧侶，並且自中國帶回茶種，普勸人們喝茶，而廣為人知。

榮西教示道：「切斷世上小知解的糾葛，修行與開悟便不對立。」道元因這句話而省悟，更拜榮西的直系弟子明全為師，精勵修行。

道元認為真實的佛法，必須到中國方能求得，於是鼓勵體弱的師父明全，胸懷入宋求佛的大志，在貞應二年（一二二三年）二月，向中國大陸出發。當時明全四十歲，道元二十四歲。

達到入宋心願的道元，先到各地拜訪名僧，三年後，終於幸運地在天童山，會見中國曹洞宗的正宗傳人如淨禪師。

如淨也滿心喜悅地收道元為弟子，兩人從初會面時，便心靈契合，情如父子。

如淨禪師是越州人，十九歲時開始坐禪，直到六十歲，不曾為其他事浪費一分一秒。

如淨對弟子們非常嚴格，特別是在禪堂的修行，更是嚴苛無比。道元入宋五年以來，如淨對這位外國的僧侶非常信任，並承認道元達到身心脫落（擺脫身、心的束縛，回復自由、開悟的狀態）的境界，更想立道元為自己的後繼者。

然而，道元一心想回日本宏揚佛法，他告訴如淨自己的歸國心願，如淨只得首肯。當時道元二十八歲，如淨禪師則已屆六十五高齡。

翌年，如淨圓寂。當初一起共赴中國的明全，也早已客死他鄉。

道元回國後，首先踏上肥後川尻，並北上京都的建仁寺。當時道元的第一句話是：「空手還鄉。」這句話充分顯示道元的自負。

後來，道元又到深草的安養院，並開建興聖寺，在那裡居住十餘載，寫下了著名的《正法眼藏》九十五卷。

寬元二年（一二四四年）道元移往越前的大佛寺，專注於著述與教化僧侶。道元極度厭惡奉承權貴與財主，一心發願想培養真正的佛門弟子。

曾有這樣的傳說：道元的一位弟子離開京都，從某位高官身上，得到一大筆捐獻給寺院的錢財歸來，這位弟子心想一定能討道元的歡心，沒想到道元滿腹怒氣，將這位弟子趕出寺門，連他的座席下的泥土，也挖了一丈多深後丟棄。雖然我因道元的高潔而感佩不已，但卻覺得道元有一絲絲的不近人情。

道元的著作《正法眼藏》九十五卷，非常難讀，如筆者之類的凡人，是難以一窺堂奧的。

道元的弟子懷弉記錄道元的平日言談，集結成《正法眼藏隨聞記》，讓我們可以藉此聽聞禪師的佛法見解。

在《眼藏》的「諸惡莫作」卷中，談到「覺生悟死是佛家一大事的因緣」。

人類總是不斷煩惱生死問題。為了救濟，而產生了宗教，也就是佛教。並且「如果人類將生死排除於外，而一心求佛的話，就如同將轅朝北，卻向越地前進；將臉朝南，卻想眺望北斗一般。」道元如此說道。

關於死的問題，在〈現成公案〉卷中，道元更表示：「生命是暫時的，死亡也是暫時的，就如同冬與春一般，冬不會變成春，而春也不會成為夏。」

在別的卷中，又說道：「薪會成為灰，但灰不會回到薪。然而，我們不應認為灰是後，而薪在前。我們應該知道薪在薪的法位，有前有後，雖有前後，卻際斷不相連。灰在灰的法位，有後，有先。如同薪變成灰之後，無法再回復為薪一般，人死後，無法再復生。並且，不能說生變成死，因為這是佛法的定習，應稱為不生。而死不會成為生，這也是法輪既定的佛轉，應稱為不滅。生命是暫時的，死亡也是暫時的。就如冬天與春天，冬天不會變成春天；春天也不會變成夏天。」

這段話正是我們千百次反復咀嚼後，可以體會到的真理。

道元將人類的生比喻為薪，死比喻為灰。薪燃燒之後，變成灰。正如同人類的壽命終了，無法再復生一般，所以不可認為是人類活了一段時日後，死亡才來造訪。

道元認為活著時是生的全機現，死是死的全機現。所謂機現，就是存在或是現象。生與死是個別的事物，生以生，死以死存在著。

我們之所以恐懼死亡，是因為我們害怕活在當下的自己，會從這個世界消失的緣故。

但是，佛教這麼告訴我們：「活在當下時，應盡一切努力綻放光明，死與我們毫無關係，不需在意它。」

基本上，世上沒有我或個體，面對這大宇宙，小而微地來說，構成世界一部分的是人類，死亡來造訪時，人類不過是改變形態罷了。

《般若心經》中說道：「色不異空，空不異色，色即是空，空即是色。」現在人類的形態，是一時的假姿態。但是，那是尊嚴的存在，神、佛、大宇宙全包含在人類的個體之中。

在全宇宙所體現的就是個體的人類的存在。然而，有時卻得還諸宇宙。個體的我們必須冷靜明徹地守護它的轉變。

「無常迅速，生死事大。」面對被賦予的尊貴的人生，不可一時懈怠、輕忽，必須努力地朝世尊指示的生存之道邁進。道元禪師如此教示我們。

從宋回國後，道元強調傳承自如淨法師的佛法，及唯有坐禪才是佛法的正法。後來道元受盡天台宗徒眾們的迫害，及來自比叡山的責難。但道元並不因此屈服，直到五十四歲圓寂，一刻也不曾扭曲自己高潔的信念。

孝明天皇追諡道元禪師為佛性傳東國師，明治天皇尊奉為承陽大師，是七百年之後的事。

第二章　你具備一顆接受死亡的「心」嗎？

……所謂從容迎接死亡的心理準備

良寬到達的「迎向死亡的境地」

一日，良寬托鉢途經某富商的家門前，當時，那戶人家的主人非常認真地詢問良寬：

「良寬法師，我有財產有地位，家庭和睦，沒有任何不順利，很高興自己擁有這麼幸福的人生。但是，人終究會死，我身邊的朋友大多在五十、六十歲左右，就陸續死去，實在非常寂寞。難道沒有活到百歲的方法嗎？」

良寬笑著回答：

「那很簡單。只要你現在想著：『我已經一百歲了。』不就可以了嗎？」

佛法曾教示：「人類之所以誕生到世上，是因為父母的大因緣，那是非常幸運的事。甚至，能入佛道，更是大幸福，請勵精佛道。」

試著來思考這一點，在悠久的宇宙時光洪流中，五十、百年的人類壽命，實在是微不足道的瞬間。

即使活到百歲，也還是較鶴、龜的千年、萬年壽命來得短暫；即使三十歲便告離人世，但與薄羽蜉蝣只有一日的生命相較，卻是非常地長壽。

人類的生命不是因為漫長才尊貴，雖然短暫，只要是充實、誠實的人生，就是寶貴的。所以，二十七歲便離世的石川啄木❶的人生、樋口一葉❷的二十四年壽命、正岡子規❸的三十五年人生，絕對不短暫。

事實上，這些人的精神隨著他們的著作，流傳人世，進駐我們的心靈，永遠存在。今後，他們的生命還將繼續存活數百年吧！

每日誠實、認真地生活，是最重要的，生命的長短不是問題，這是良寬的想法。

---

❶ 石川啄木（一八八六～一九一二年）：明治時期的浪漫歌人，同時也是詩人、小說家。

❷ 樋口一葉（一八七二～一八九六年）：明治時期的女流作家。文體清麗，著有《十三夜》等作品。

❸ 正岡子規（一八六七～一九〇二年）：日本近代的著名歌人、俳人。為日本近代俳句開創新路，並首創寫生文。

文政十一年（一八一二年），良寬七十二歲時，越後地方發生了大地震。地震帶來的災害非常大，傳說死者達一千四百一十三名，受傷者一千七百四十九名，房屋全毀九千八百八十八戶，半毀七千兩百七十六戶，因火災燒毀的房屋數達一千兩百零四戶。

當時，良寬住在島崎的木村宅邸內的小庵，雖然平安無事，卻受了很大的驚嚇。良寬寫下了數首詩作，並投遞許多慰問信到各個災區。這些詩作也流傳至今。

在給與板的友人山田社皐信中，良寬這麼寫道：

地震真是可怕。我這野僧，在草庵中平安無事，也無親人傷亡，實在萬幸。
大難不死必能長生。
看到大家悲傷的眼神，真是寂寞。
但是，遇到災難時坦然以對；命運終了時便結束生命，這才是避災的妙法。

良寬

換言之，良寬告訴我們：「即使死於災難中，也應欣然接受。一味逃避是無濟於事的。死心斷念，亦即對天命了然於胸，坦然地接受天命才是最重要的。」

良寬還留下一首詩：

我生何處來
去而何處去
獨坐蓬窗下
兀兀靜尋思
尋思不知始
焉能知其終
現在亦復然
輾轉總是空
空中且有我
況有是與非

不如容些子
隨緣且從容

良寬是佛門弟子，在曹洞宗門下長年精勵修行，一刻也不曾怠惰。身為世尊的弟子，體會深遠的佛法，懷抱堅定的信仰，是理所當然的。

良寬出生於山本家，是出雲崎的名門，更兼任石井神社的神官。在這樣的環境下，自小便受神道及大和精神的薰陶。少年時，受教於大森子陽塾，主要學習孔、孟的典籍。

同時，在吟詠漢詩時，更體察漢詩中深蘊著對老莊思想的深刻理解與思慕之情。在此所引述的詩、話語中，在在可見良寬的真情。

良寬也替自己取了字——曲。在古代中國，男子成年後，除本名外，尚取有字號。

例如孔子姓孔，名丘，字仲尼。能直呼丘者，唯有雙親及師長而已，其他人則稱呼仲尼。

字，是日本學者模仿古代中國的習慣而來的，即使是良寬，恐怕平常也沒有人稱呼他曲吧！不過，為什麼良寬會為自己取字「曲」呢？

在《老子》中，有「曲而全」一語。委曲自己，順應人世，才可保自身的安全。彎曲的樹木不適合建造屋舍，樵夫不取曲木。因此，曲木可以得享天壽。

出生於德川幕府領地出雲崎的良寬的父親以南，一心想恢復皇室尊嚴，感嘆皇室的衰微，可能曾經採取行動，而招致幕府的不滿，最後投京都桂川而亡。

良寬無法原諒當時的幕府，及與幕府關係密切的佛教界的墮落。他的心意在詩作中，可見一斑。

或許因為這個原因，良寬終其一生，一直是「體制外的人」。

良寬圓寂時，官方曾派人從良寬的小庵中，帶走一切的書物及良寬的著作，以便調查。經過十日之後，才予以歸還。

不過，良寬並不曾反抗官方的人；托鉢時，也不時向村人們低頭，始終謙卑處世。

良寬絕非懦弱，他全力奉行老子的「柔弱謙下」思想，不反抗強者，柔弱終會戰勝剛強；抑己揚他，方能制剛；學習老子之道，並切實實踐。「曲」字，正是他的自負之處。

讀良寬的詩時，良寬的心志，可以從他相信老子的「道常無為而無不為」的天的定規，對莊子思想的「現實世界中的大小、長短、善惡、美醜、生死等，不過是人類賣弄口舌的判斷罷了，務必放棄自我，投身絕對的宇宙之理中生活」無限憧憬中看出，良寬的心志令人懷念。

良寬是佛教徒，浸淫孔、孟的思想，師法老、莊之學，懷抱悠然的人生觀、生死觀。

在此，再舉一首良寬的詩。

回首七十有餘年
人間是非飽看破
往來跡幽深夜雪
一炷線香古窗下

這是七十歲的老僧的心境啊：「厭倦於評論世間的是與非，門外深雪落不止，無人進出的空屋中，一炷馨香，只是靜靜地坐著。」

因為痢疾病了半年，良寬極度衰弱，即將走完人生之路。在親人圍繞下，良寬在臨終時，說了這句話：

身心坦蕩，飄落的紅葉。

細川伽拉莎在與自己的戰鬥中，發現了什麼？

細川伽拉莎在永祿六年（一五六三年），誕生於武將明智光秀家中，是為次女。本名為玉，伽拉莎是受洗後獲命名的基督教名。

玉在天正六年（一五七八年）經由織田信長的撮合，與細川藤孝的長男忠興結婚。當時兩人都是十六歲。

天正十年（一五八二年）六月一日，父親光秀受命於信長，調動軍隊前往備中。率領一萬三千兵士的光秀，從龜山出發，越過老之坂附近時，忽然策馬向東，涉過桂川，進入洛中，偷襲身在本能寺的主君織田信長。這件事在當時驚動了天下。

討伐君主的確是逆反，但是，對光秀而言，他自覺到如果不討伐信長，恐怕自己將會遭到消滅，才做下此決定。

事實上，光秀不僅技藝超群地協助信長實現全國霸業的夢想，更精勵自己以求報君，然而，在論功行賞時，其他的將領們受到信長過度的犒賞及讚美，而沈醉其中時，光秀不僅沒有得到任何的賞賜，反而在諸將領面前，遭到信長的斥責及打罵，蒙受莫大的恥辱；甚至，光秀的領地將遭到沒收的傳言更是漫天飛舞。

織田信長相當年輕，是足以一統天下的將相大才，並且精於戰術、政略，是具有相當決斷力的武將，但是個性狷介、急躁，對自己不喜歡的人，往往不留情面地痛加斥責。

對光秀來說，為了保護自己，為了保衛明智家，在自己被打倒之前，除了痛擊信長之外，別無他途。

那是一個骨肉相殘，政客們永無止境地賣弄權謀術數，武士及家人們凡事得過且過，不敢期待明日的時代。

經由信長的介紹而締結連理的細川忠興與妻子玉的立場，實在尷尬萬分，因為玉的父親光秀，殺了主君信長。

由於女兒玉嫁到細川家，光秀期待他們會立刻表明：「太好了，心願總算達成了！從今以後，天下就是明智大人的了，雖然我們的力量微不足道，但請讓我們為大人的平定天下志向，盡一點棉薄之力！」但是，事實卻完全相反。在細川家中，父親藤孝剃髮明志，玉的丈夫忠興（三齊）也斷髮弔念信長的死，以誠心明志。

稍後，聽聞此事件，正打算攻打毛利的豐臣秀吉，立刻調頭進攻京都，打著為主君信長復仇的大義之名，聲勢日日壯大。

然而，沒有人站在明智那一方。「三日天下」是大家稱呼光秀的名字，在打敗信長之後十日，明智敗於秀吉之手，在逃走途中，遭民眾襲擊而亡。

信長與光秀都是非常傑出的武將，然而卻無法在戰亂中苟存性命。

面對公公及丈夫斷髮以表明對主君的恭順之意，身為打敗信長的光秀之女——玉的立場，實在是苦不堪言，無人能及。

不得已之下，忠興只好讓玉隱居在丹後半島山中的險惡的味土野。

隱居在山中的一年八個月裡，秀吉統一了天下。當信長在本能寺被推翻時，不協助光秀，卻斷髮以示對信長忠誠，並跟隨秀吉，對秀吉忠心不二的細川父子，得到秀吉的信賴，而大獲重用。

後來，忠興得到秀吉的允許，得以再度將隱居在味土野的妻子玉接回家中。

玉雖擁有世上少見的美貌及天賦異稟，但是父親、丈夫甚至子女，都只能在戰火中求生存。

身為一介女子，玉深陷苦惱的漩渦中，偶爾被當作政爭的工具，不知何時也會命喪戰爭中。女人到底是什麼？不，人類應該如何生存呢？在天上看著人類演變的神佛，是否真的存在？玉不斷思考著。

在這個戰亂、下剋上的世上，從歐洲傳來的宗教，尤其以基督教為主的救贖的教義，滲透到日本，特別是九州、四國等地。

在那之前，日本一直是以佛教為根本。然而虔信佛教並沒有什麼益處，戰亂、大火、災難接連不斷，到底神道及佛道有什麼功用呢？人們會這麼認為，是理所當然的。

歐洲的傳教士們以生硬的日語傳達基督的愛的證據，實在非常新鮮且富有魅力。庶民中，特別是柔弱的女性，會相信基督教，或許是它的教義真的深入人心也說不定。

深得丈夫忠興信任的大名——高山石近，經常拜訪細川的宅邸，在茶室裡談論基督，常常眼睛閃閃發亮地訴說一些救世主的故事。

在丈夫忠興的一旁，熱心地傾聽石近說話的玉，被石近真摯無垢的風貌及態度深深吸引著。

玉詢問石近：

「想信神時，重要的心理準備是什麼？」

面對玉的詢問，石近靜靜地答道：

「是的，神是全知全能的愛的使者。在神成就的事物中，我們渺小而罪惡深重的人類，即使編派一大堆理由，也是莫可奈何。首先，請安心，將一切委託在神的手中，我們人類與其讓心一味地膚淺下去，不如追隨神的深刻思考，反而安全且確實。」

並且，告訴玉有關基督故事的，不止石近，還有長久以來服侍身邊的侍女清原佳代，佳代是獲命名為瑪麗亞的虔誠基督教徒。

身為戰國大名夫人，一直待在細川府邸的玉，一刻也不能踏出大門一步，更不被允許到在大阪的府邸附近的教會，不得已之下，玉只好讓奉聖名瑪麗亞的清原佳代或其他侍女們去教會，再從她們身上聆聽教義。

丈夫忠興奉秀吉的命令，征戰九州、朝鮮，長久戰鬥。玉最後受清原瑪麗亞的引介，終於得以受洗。

成為神的僕人的玉，不，伽拉莎已經不再畏懼任何事了。戰鬥、敵人的利刃，甚至死亡，都是神的恩寵，這是伽拉莎靜如止水的心境。

有一天，正好是慶祝基督復活的復活節，跑到修道院的伽拉莎，詢問可斯梅修士：

「為何修士的眼睛那樣地明亮呢？遠離家人，來到這陌生的國度傳述神道，我想，你一定很寂寞吧？」

可斯梅修士回答道：

「的確，遠離家人、國家，很是寂寞，因為我們也是擁有同樣心情的人。但是神是非常慈愛的，在日本，祂賜與我許多的弟兄。相信神的人，都是神的子女。只要與神同在，世界的任何地方都是我們的故鄉。神，是非常慈祥的人。」

然而稍後，秀吉對基督教的政策有了巨大的轉變。那是因為九月，調查漂泊到土佐岸邊的軍艦時，發現軍艦裡暗藏許多武器之故。

對教徒的鎮壓反復上演著。在長崎，以三木保羅等日本人為主的二十四人，被處以極刑。

在十字架上，三木保羅對同伴及聚集的民眾發表演說。他的聲音非常清朗，臉上閃耀著喜悅的光輝。

「各位，人應該為何而生？為何而死呢？為了財富？為了寶物？還是為了地位？那些全都是會枯朽的事物。我們不是應該為創造我們的天主而生，為天主而死嗎？我們不是應該捨棄自己的欲望，跟隨天主的聖心而生而死嗎？唯有天主，才是真正的救贖，真正的道路。」

這些話也傳到大阪的伽拉莎耳中。伽拉莎的信仰也因時日的推移而愈來愈堅定。

世事不斷地變化。豪奢誇四方的秀吉，終於無法戰勝時勢與年齡。

花費前後四年時間，征戰朝鮮半島，終究無法成功，諸將領倦於戰事，諸藩的財政也困乏不已。以一介庶民之身功成業立，認為世上沒有辦不到的事的太閤秀吉，終於也走到了人生盡頭。

頻頻掛心年幼的秀賴的將來，充滿悲哀的死去。如同至目前為止，自己一直用武力爭權奪力一般，我兒也將被其他的強者奪去地位吧？秀吉在這種預感的煎熬下，離開了人世。

時候到了。擁秀吉遺子秀賴，據大阪城的石田三成；及對抗三成的另一道，以德川家康為總大將的勢力，包括了討伐上杉景勝的加藤清正、福島正則、黑田長政的諸將領，及玉的丈夫細川忠興。

石田三成計畫從背後攻打東進的德川方面的大軍。

為此必須逮捕東進的諸大名的夫人，以為人質，讓德川的將領們無法與三成、秀賴的軍隊交戰。

得知三成動向的諸大名的夫人們，悄悄地喬裝，秘密地潛逃。只有伽拉莎在大阪的府邸中，絲毫不為所動。

那是因為當丈夫忠興出征之際，曾對伽拉莎說道：

「不論事態如何，都不可出府邸一步。但是，如果石田三成的人想逮捕妳以為人質，而迫近府邸的話，希望妳能為我清白而死。」

果然，石田的手下數十名大聲喧嚷地團團圍住府邸。

「如果確實對秀賴公忠誠的話，立刻將夫人交出大阪城，如果違背命令，我們將用武力強奪。」

面對敵軍的喊話，留守的老家臣立刻大聲地回應：

「主人忠興、大殿的幽齊都不在這裡。我們這些留守的家臣，不可能把夫人當成人質交給你們。」

伽拉莎下定了決心。她不能成為石田的人質。但是基督教徒不可自殘。

從明智時代便奉仕細川府的重臣河喜多石見，從屋外悲痛地說道：

「夫人，石田的手下終於來了。」

伽拉莎安靜、沈著地說道：

「依大人吩咐，我將死去。我的死是相信神的死，我的身體即使死亡，精神也將永遠追隨著神。只是身為基督徒的我，禁止了結自己的性命。」

「夫人，實在萬不得已。就讓我這白髮老人取走尊貴的夫人的命吧！」

「石見大人，拜託你了。」

當府邸內的女子們、親人全部退下後不久，河喜多石見揮舞了他的長刃。

不久，細川府邸因石見等人的放火，被一片火海包圍住。後來，伽拉莎的寢室後方，發現了一堆白骨；在玄關附近，也發現剖腹自戕、年老的河喜多石見的白骨。

細川伽拉莎曾寫下一首歌：

唯知飄散之時，世上
花才是花，人才是人

或許這是她辭世的心聲吧。人類總有一天會死亡，並且，不可誤了應死的時機。

如果伽拉莎惜生而不願成就死亡的話，人們或許就不會傳誦她的死吧！

能接受心愛的人的死亡嗎？

高見順，本名高間芳雄，明治四十年（一九〇七年）出生於福井縣，昭和四十年（一九六五年）死於食道癌。

高見順在昭和五年畢業於東京大學英文科之後，立志從事文學創作，曾遭檢舉為左翼思想份子，後來改變方向，繼續從事文學創作。

曾發表《應忘記故舊》、《在怎樣的星空下》，戰後也有《我胸中的這裡》等名作留世。

在他人生的最後幾年，雖與癌症抗爭，仍繼續從事藝術活動。在臥病不起的病床上，他發表《從死亡之淵》詩集，展現他桀傲不屈的作家精神，他的悲愴、冷靜的詩篇，深深地打動每個人的心。

車窗外

電車的車窗外
充滿光輝
充滿喜悅
生氣勃勃地躍動著
想到即將告別人世
熟悉的景色
突然新鮮了起來

這個世上
人類及自然
都充滿著幸福
然而，我卻非離開不可

雖然這世間是如此幸福
不要讓我悲傷
反過來安慰我的哀愁吧
我的胸中充滿感動
胸口鬱悶，淚欲奪眶而出
國宅的一個個窗口
溫暖的陽光照耀我身
快樂地歌唱不停
交錯飛行的麻雀們
閃耀的風
喜悅的河

微笑般的細小波浪
彼方的京濱工廠地帶

高聳的煙囪中，爭相冒出的煙霧
從車窗看到的一切
全部是生命的個體
活在人間
充滿力量
我看到生命閃閃發光
電車線路旁的道路
快樂行走的上班族們
早安！大家
大家精神奕奕地工作著
我安心了，只要有你們，一切沒問題
再見
一切拜託你們

在戰時，筆者與高見順先生曾短暫相遇過。

昭和十九年左右，戰況愈來愈不樂觀，筆者被派往滿洲國的文藝春秋社，住在位於新京市羽衣町的公司宿舍中。

所謂公司的宿舍，其實是公司及員工全部租住在「滿洲日報」的後藤總編輯的宿舍中。

現在回想起來，真是不可思議的方式。當時，因為擔任常務董事的永井龍男先生，與後藤總編輯非常親近，所以在不為人知的情況下，好意地讓我住進去。

文藝春秋社的總編輯是池島信平先生，編輯是德田雅彥先生，我負責營業工作。

就在那時，作家高見順先生來到社裡。當時，作家或文化人士等，很多人到中國或滿洲視察，或擔任軍方的特派員，或作私人旅行。我曾讀過高見先生的經歷「兩度受陸軍徵召，前往緬甸、中國。」所以，那次應是在中國的旅行途中，路經新京的。

除永井先生之外，所有員工都是單身前往滿洲，最初筆者也是單身，但在全是男性的生活裡，沒有負責伙食的人員，實在很不方便。但是為了在新天地開創新事業，也因為那是神經耗損的時期，為了把家庭的溫馨帶進生活裡，最年少的筆者便一度回日本婚娶之後，帶著妻兒再度去到滿洲。

那時，妻子的懷裡還抱著三個月大的長女。

高見順先生就是那時來訪的。永井先生、池島先生和高見先生由於是編輯和作家的關係，所以大家非常親密。但是，最讓高見先生高興的，莫過於在新京見到剛出生半年多的小女。小女名為隆子。

或許是在戰亂的滿洲，能見到來自內地的幼兒，而感到喜悅無比吧，高見先生好幾次抱起小女，並且把小女高舉到頭頂逗她高興呢。

不久高見先生便回去日本。寒冬過去，三月春天的時候，戰況轉惡，北方又有蘇聯軍的威脅，筆者終於接到一紙召集令。

不得已之下，筆者讓妻女回日本。在隔日即將到北滿孫吳報到時，到新京車站為妻女送行。或許就此永別了，心裡這麼想著。

那時，小女出生剛滿一年，搭上火車後，出發的鈴聲一響，彷彿著火一般，哇地大哭起來。那並非為了即將與父親分離而悲傷，而是因為感冒，身體不舒服而引起的。只是那時我們這些大人並不知道她的感覺。

辛酸的別離之後，隔天早晨，我朝孫吳前進。

然而，非常悲慘地，大約一週後，文藝春秋社發了一封電報給我，電報中寫著：

「請原諒，隆子夭折於船上。」文藝春秋

雖然筆者接到電報便預感可能有不幸的事發生，但反復讀了數次電報，還是無法理解加諸於身上的這個悲慘命運。

當時，筆者被派遣到一處名為海倫的小都市駐屯地。那是由實習軍官率領二十餘名軍人的小駐屯地。

在接到電報後大約兩週內，我這個不忠的士兵，幾乎不行軍務，只是在部隊裡發呆，或走到庭院裡放聲大哭。

現在回想起來，實在是膽小怕事、沒有用的一個士兵。

一直以來，我總想自己的生命可以藉著子女來傳承，繼續人類的歷史。然而，唯一的孩子卻在歸國的船上，因急性支氣管炎而離開人間，無法傳承筆者的生命。

我想再見那時的隊長W實習軍官，為那個不忠的士兵道歉，然而卻始終無法如願。

高見順先生的墓地在北鎌倉的東慶寺。第二代文藝春秋社社長佐佐木茂索先生的墓地，也在同一處，偶爾我會去探訪他們二人的墓地。

如果那時病故於航行在日本海的船上的小女還活著的話，應該也五十歲了。

一切全因那孩子的靈魂鼓勵我，使我能耐得住西伯利亞兩年三個月的監禁生活，得以回到日本，繁衍後代，生活在成為經濟大國的日本。

深刻的信仰為妙好人帶來了什麼？

沒有任何一國的國民像今日的日本人一般，心中失去了神，也失去了佛。

家裡設有神桌，格局雖小卻祭祀著神明；喪禮時，請僧侶主持典禮，也對著神社、佛寺低頭行禮，但詢問他們：「你有信仰嗎？」很多人卻回答：「我是無神論者。」

身為機械文明、物質文明先驅者的歐美人士，幾乎全數信仰基督教，星期天參加教會的彌撒，對著基督像虔誠地祈禱。

中、近東國家的人民，平日對信仰的神的祈禱姿態，異常地認真，旁觀者看來，簡直是接近瘋狂。

相信有神、佛存在的人，及無信仰的人，到底誰能到達真實？實難判斷。

並且，身為人類，到底何者能幸福地生活呢？我想應該是前者，也就是相信神佛存在的人吧。與只能依賴渺小的自己生存的後者相較，前者可以賴以維生的事物非常多。

如同狗、猴的頭腦有極限一般，人類的腦即使有個人的差異，也有一定的限度。我們不知宇宙從何時開始，也不知何時結束，更不知空間的極限。至於物質，筆者曾聽過有關分子、原子、電子、中子的事，卻怎麼也不明白。

有面對不了解的事物中途放棄、不再追究的人，也有無論如何也不死心的人。那樣的人與其成為無神論者，倒不如相信宗教。

宗教最重要的是全心全意地相信。理論完全派不上用場。

從這一點看來，被世人稱為「妙好人」的人，不正是佛教界裡最高的信徒嗎？妙好人這個詞語，聽說是來自中國一位名叫善導的人，他注釋《觀無量壽經》，寫下《觀無量壽經疏》，他稱不斷念佛的人為「人中的妙好人」。在日本則指虔信真宗的信徒。

妙好人不是指高僧，也不是知識階層，而是庶民中，一味愚直地虔信佛的人，並且他的態度非常獨立特出於人群。

它是江戶時代開始流傳到今日各地的。

記錄這些人的事蹟的《妙好人傳》，從江戶時代到現在，已經傳世數十本了。在這裡，我想介紹幾位妙好人的言行。

延寶六年（一六七八年）左右，十七世紀的中期，奈良縣大淀町有一位名叫清九郎的馬夫。

傳說他是一位年輕時就已惡名昭彰的莽漢，卻因妻子的猝死，而一心信佛。因為他徹底地改頭換面，於是世人稱他為妙好人。他沒讀過什麼書，因為住在一處名為鉾立的地方，所以請人在斗笠上寫下「鉾立清九郎」字樣，但是他並不識得這幾個字。

清九郎晚年學會的「遊戲」中，有一項「救贖遊戲」。清九郎每天勤奮地一邊製作草鞋，一邊喬裝威嚴的聲音對自己說：

「喂！清九郎，你曾說謊、欺騙他人嗎？」

然後，又用原本的聲音答道：

「是的，不論我多麼謹誡，我還是生活在說謊、欺騙中。」

「是否曾經胡亂發脾氣?」

「是的，憤怒之火熊熊燃起，為了不讓別人發現，只有將它隱藏起來。」

「不曾企圖贏過別人而欲望高張吧?」

「不，不，人們都說我就像佛一樣，但是我的體內充滿私利私欲，無時無刻不在算計著，為了自身的利益而疲於奔命。啊！我的正身是如此醜惡悲慘的愚者，實在無法得救。」

「不，不是如此，如果不醜惡、悲慘，就不需要佛了。」

「那麼，清九郎會變成怎樣呢?」

「可以就地得救。煩惱纏身也無妨，佛必定拯救你。」

「謝謝。像清九郎這樣的愚者，可以就地得救，實在太浪費了。」

流著淚誦佛，持續製作草鞋。這就是清九郎日常的「得救遊戲」。

在豐前中津郡矢富村，有一位名叫新藏的貧窮失學農夫。

由於太過貧窮，村中的有德者不忍坐視，夏季的某日借了一床蚊帳給新藏。

為連一床蚊帳也沒有的生活而困擾的新藏，非常高興地回家了。然而兩、三天後，新藏又把蚊帳送回來了。

「你可以使用到沒有蚊子的秋天呀！」有德者覺得不可思議。新藏答道：

「睡在蚊帳裡，由於太舒服，連佛祖的恩惠都忘記，一覺到天亮。我覺得很不安，所以特地歸還。」於是新藏又如往常一樣，被蚊子叮就念佛。

新藏於天保十一年（一八四〇年）辭世，享壽七十。他留下了這句話給世人。

若有纖塵般的好事，我便會迷惑不已
壞事連連，就是我的命運

一點也不以不幸為不幸。若能到達感謝不幸的境地，或許就是佛的心了。

人類把「死亡」稱為往生。意味著這個世界結束了，便誕生到另外的世界。

在妙好人的生涯中，生或死都是佛的命令，相信死亡之後，可以極樂地往生。

日本佛教的淨土宗或真宗，視充滿苦痛的現世為穢土，在極樂世界的淨土再生，就是往生。

平安時代中期的淨土教史中，有值得大書特書的《往生要集》三卷。那是天台源信（惠心僧都，九四二～一〇一七年）的著作。

根據源信的說法：「世界宛如濁世末代，如我一般的頑魯者，除往生極樂之外，別無得救之道。」他意欲與同世代的人們一同步上往生極樂之道。

《往生要集》共分十章，分別是一、厭離穢土。二、欣求淨土。三、極樂的證據。四、正修唸佛。五、助念的方法。六、別時唸佛。七、唸佛的利益。八、唸佛的證據。九、往生的諸業。十、問答料簡。

簡言之，就是藉由厭離穢土、唸佛修行，往生到極樂世界。他這麼教示著。

大體上，真正的佛教，也就是釋迦牟尼的想法，是無神論的，筆者這麼以為。較釋迦牟尼早五百年誕生於中國的老子、莊子等，都是無神論者。

如同老子所言，「道常無為而無不為」，天、自然或宇宙，是無意志的。但是，成就的萬事萬物是無與倫比的。

老子說：「天網恢恢，疏而不漏。」雖然天是無意志的，但卻沒有任何遺漏之處。即使佛教也闡述：「色即是空，空即是色。」另外在唯識論中，認為所謂的存在，只不過是人的心，即是一種識而已。這種識是由眼、耳、鼻、舌、身、意六識，再加上末那識、阿賴耶識（深層心理）的七、八識而成立的。用慈悲及愛撫慰萬物，互相慰藉而生活，我們曾經如此受教過。但是，死後能在另一世再生；或是在現世廣積善德便能極樂重生，在現世諸惡皆犯，會深墮地獄一事，卻未曾聽聞。

極樂說與地獄說都是為了推廣佛教、拯救生民的一種權宜吧。極樂與地獄只存於現世。

在本節中描述的數位妙好人，對自己的死亡，又是持怎樣的看法呢？許多妙好人都是藉由唸佛（唸佛又分在心中念著佛的姿態，及一味地誦唸南無阿彌陀佛的名號兩種），祈禱自己能轉生到他世的。

當臨終之際，由畫中的「山越彌陀」的手中將繩帶垂下，緊握繩帶而結束生命的儀式等，也在在顯示出這一點。

然而，我以為宗教僅止於此就好。相信宗教是最重要的。若能因此而得救，就再好不過了。

明惠上人所謂的「人應有的態度」

每當我想到栂尾的明惠上人時，腦中立刻浮現幾件事。

其一，是「阿留幾夜宇和」訓戒。內容是「僧侶應有僧侶的態度；俗世之人應有俗世之人的態度；至於帝王，也應有帝王的態度；臣下應有臣下的態度。如果違背應有的態度，一切為惡。」收錄在《明惠上人遺訓》中。

在栂尾高山寺內的石水院，僧院裡掛著寫著「應有的態度」的看板，筆者手邊也有裱裝好的一幅字樣。

其中有一項「房中護律儀學問所」，筆者以為可以引為俯仰於俗世的人們參考。

一、聖諭之上，不應放置念珠手套等。

一、夏日，硯臺水不可用隔夜水。

一、不可以口舔筆。
一、不可未著僧衣入內。
一、不可臥。
一、應將紙張鋪於書冊內文下。
一、不可將書冊置於座墊上。
一、聖諭不可置於文桌下。
一、聖諭之上，不可踰越取物。
一、不可以唾沫推繽算數。

（華嚴宗沙門　高弁）

根據《梅尾明惠上人傳記》（以前梅尾又寫成梅尾），「沙門高弁生於紀伊國在田郡石垣的吉原。姓平，父親重國乃高倉院的守衛。母親是藤原宗重之女。治承四年（一一八〇年）正月，失恃，同年九月，失怙。時僅八歲，雙親早逝，乃由伯母養育長大。」從這裡，可知他年幼即父母雙亡。

關於出家遁世，上人曾自己談到：「我兩歲的時候，奶媽抱著我到清水寺參拜。那時的莊嚴誦經聲，深入我心，使我覺得尊貴無比。」嚮往佛門的心情，就是從那時萌芽的。

四歲的時候，父親曾戲弄地為上人戴上武士禮帽，說道：「長得真好看，就把你送入宮中當武士吧。」上人記得父親的話，由於一心想進入佛門，有一日，上人極端地想達成願望，故意從屋廊邊滾落，或想以火筷燙燒臉部，後來太過可怕，才停止試驗，為了想出家，而費盡這般的苦心。

結果，由於失卻雙親，九歲時便上了高雄山。雖說進入佛門是他的心願，然而對小孩子而言，與親密的親人們分離，實在是很悲傷的一件事。

相傳上人流著淚朝高雄山出發的途中，乘馬欲渡過鳴瀧川時，由於馬兒想喝水，於是上人放鬆韁繩。但是，馬兒卻毫不停歇，邊喝水邊走。上人見狀，心想：「連馬都知道人的心，不敢片刻停留，身為人類的我卻不住地流淚，實在慚愧啊！」於是，把想留在故鄉的念頭拋開，「成為尊貴的僧侶，以弔雙親之後生，及引導眾生吧。」如此激勵自己的心志後，入山。

上人以年幼之身進入佛門，立願追求真正的知識，聽聞正法，精勵修行。十三歲時，上人曾說過：「忖思：『今業已十三歲，既已垂垂老矣，愈來愈接近死亡。在老少無常的世間，能存活至今，實不可思議。古人云：學道如鑽火，不可悠閒度日。』自動自發地激勵心志，晝夜不分地精勵道行。」

如果十三歲，就「業已垂垂老矣」的話，那麼，七十七歲愚笨的筆者，該如何是好？

上人十六歲時跟隨文覺上人出家，十八歲時，由於託夢，自覺到自己是釋迦牟尼的遺子。

爾後，追隨榮西等先師，往返東大寺、高雄、紀州、高山寺等處，參詣佛門。貞永元年（一二三二年），六十歲圓寂時，以一生不犯過的聖僧之身，走完尊貴的一生。

其間，一度想再次踏上釋迦牟尼的聖地，決意遠赴天竺，然而因春日明神的神託等而放棄。

有一段時期，一位名叫秋田城介入道覺知的遁世者，住在栂尾，曾摘下自己庭院裡生長的薺菜，煮了一鍋雜炊請明惠品嚐。

嚐了一口的明惠，思索了一會兒後，取來窗邊的灰塵，混入雜炊中一起吃掉。

在座的人們不可思議地瞪著明惠，明惠只說了一句：「因為實在太好吃了。」繼續品嚐雜炊。明惠就是這麼一位甘於粗食的聖人。

在百餘年之後，兼好法師在著作《徒然草》第一百四十四段中，曾如此描繪明惠上人的事跡：

> 栂尾上人行於路上，聞河畔洗馬者曰：「足，足。」上人遂止，問曰：「爾乃宿執開發（從過去世的妄執中解脫）者耶。爾之歌曰：阿字❹阿字（絕對的真實）。爾為誰氏御馬耶。爾實吾所願識也。」答曰：「余乃府生殿御馬也。」
>
> 上人泫然欲泣：「幸甚幸甚。阿字本源於此。得結善緣，甚喜。」

---

❹ 譯註：「阿字」與「足」的日文發音相似。

無論見聞什麼，聽聞什麼，總讓人深感明惠上人是一位無比清明的聖人。弟子高信在《栂尾明惠上人遺訓》中，曾記錄：「我非欲拯救後世之人，只是在現世行應行之道的人罷了。」

「從未想過極樂往生到來世。只願活著時，走身為人類、僧侶當行之道而已。」

另外，又說了以下的至理名言：「進入佛法，是不一樣的事。深覺到達佛法之境的人，只是精於佛法而已。」

有大智慧的人，行止往往似愚者；一無所知的人，往往表現得無所不知，這是人世的常情。

栂尾的聖人明惠上人，又指示人們：

「不需煩惱，不需辛勞。只要視自己的身份、立場，以應有的態度生活即可。」

第三章　真正充實的人生是什麼？

……凝視生與死的真義而生活嗎？

日蓮不愛惜身家性命的理由

日本佛教界宗派繁多，但是以個人的僧名為名的宗派，只有日蓮宗而已。日蓮的「日」是太陽，「蓮」是指他一生以戰士、以猛將的身份，努力宣揚的《妙法蓮華經》。

日蓮於貞應元年（一二二二年）二月出生在安房小湊的漁夫家中。日蓮曾在著作《佐渡御書》的一節中說過：「日蓮今生出世為貧窮下賤的人，出自旃陀羅（古代印度社會中最下層的身份）的家中。」然而日蓮的父親並非貧窮的漁人，而是擁有數名漁夫的有勢者。

筆者曾參加巴士旅行，拜訪過安房小湊，記憶中，日蓮家的遺跡相當氣派呢。

十二歲左右，被寄放在附近的清澄山，十六歲時，拜道善坊為師出家，取名蓮長。

後來，他又停留在當時的首都鎌倉四年，接著上比叡山達十年之久，學習天台法華思想。另外，又造訪各名山大寺，勤學佛法，最後，他確信佛教中的《法華經》闡述的佛法，是最勝最善的真理，於是在建長五年（一二五三年）三十二歲時，因再無可學之佛法，回歸故鄉。

在故鄉清澄山講述佛法時，強烈批判當時流行的他力業唸佛佛教。然而此舉卻引起地頭蛇東條景信的激烈反彈。蓮長在幾乎喪命之際，倉皇逃往鎌倉。後來再度以鎌倉為據點，努力宣揚《法華經》。

從那時開始，改名為「日蓮」。

日蓮為了布教，提出「辻說法」，而大大出名。他闡述當時頻仍發生的天災、地變及社會不安，都是肇因於墮落的佛教諸派。它們乃諸惡的根源，招惹天神震怒，才導致這樣的結果。

為了回復世間的和平，唯有廣布《法華經》，確立正確的思想、理念、妙法之外，別無他途；而成就這件事者，除了我日蓮之外，找不到第二人。日蓮這麼確信著。

日蓮三十八歲時，寫下《守護國家論》；三十九歲時，著作《立正安國論》，公布天下。

文應元年（一二六〇年），日蓮將《立正安國論》上呈掌權者北條時賴，然而未被採用。

日蓮又主張法然主持的淨土宗是邪教，如果不捨棄它，國家必定會遭受地震、洪水、疾病、飢饉等災禍的侵襲。這個主張引起淨土諸派的震怒，使日蓮不時受到來自這些人的襲擊。日蓮雖然得以大難不死、安然度過，但是，不久便因為幕府的命令，於弘長元年（一二六一年）被流放到伊豆的伊東。

弘長三年，日蓮得到赦免，回到故鄉安房，卻再度遭到來自東條景信等人的襲擊。

雖然如此，但日蓮是在不可思議的命運下出生的，所以每遇災難，往往能全身而退。

日蓮後來又再度回到鎌倉，當時，如同日蓮所預言一般，從蒙古寄來一封國書，神之國日本正面臨國難的威脅。

正當此時，信奉日蓮宗旨的信徒與日俱增，成為一股連幕府都不敢坐視的勢力。日蓮的言行愈來愈激烈，把迫近的蒙古軍說成是「為了處罰毀謗佛法的日本國的聖軍」。

情勢至此，幕府認為只有除去日蓮，別無他法。於是逮捕日蓮，企圖在龍之口予以斬首。

但是，捕役們懼於日蓮的從容大度，惟恐遭受神罰，不敢斬首日蓮。

不得已之下，幕府只好改變方針，將日蓮流放到遙遠的佐渡。日蓮是在文永八年（一二七一年）流放到佐渡的。

日蓮被帶至一處名為塚原的山野中。那是一處宛如墓地的地方。根據日後日蓮的記事：

「我來到一處丟棄死人的地方，堂裡只有一扇門四面牆，沒有佛像。天花板參差不齊，四壁荒圮，積雪不消。在通道祭祀平時奉持的釋迦牟尼像，夜晚將毛皮、蓑草鋪設於地以眠，日日如此生活。夜晚雪雹無間歇之時，白天無日光照射，是一處令人不安的居所。」

這樣的住居之處。

在塚原度過半年的歲月之後，遷往一谷。在兩年餘的佐渡流放日子裡，日蓮受到幾位弟子、慢慢增加的當地的信徒，還有原本是下北面武士阿佛房的保護。在惡劣的環境下，日蓮寫下了他的中心思想《開目抄》。

在佐渡的流放生活裡，給了日蓮內省的機會，那是佛賜予的探求真理、理念體系的好機會。

日後，日蓮被赦免，在文永十一年（一二七四年）三月二十六日，回到鎌倉，那已是他五十三歲時的春天的事了。

日蓮再次向幕府提出最後的諫言，結果還是不被採納。不得已，在五月時，日蓮堅定了歸隱身延山的心志。

進入身延山的日蓮，對來訪的弟子及信徒們說法，並且寫了許多懇切的信箋給有煩惱及尋求信仰的人。

對於總是採取烈火般激烈行動的人，信中的內容，卻是非常溫柔。

與法然等人在宗旨上持續三十年的鬥爭生活相較，身延山上的生活，實在非常安寧。

然而，或許是長年的勞苦帶給身心巨創，日蓮從五十六歲的嚴寒冬天開始，便呈現下痢症狀，漸漸地消瘦了。

終於在弘安五年（一二八二年）九月，聽從周遭人們的勸說，到常陸國的溫泉養身，日蓮下了山，途中在信徒池上宗仲的家中（現在的大田區池上本門寺）暫作歇息。在十月八日決定了日昭、日朗、日興、日向、日頂、日持六人為本弟子，託付後事後，十月十三日圓寂。時值六十一歲。

傳說日蓮在即將離開人世之際，周圍的徒弟捧著一尊木雕佛像，想讓日蓮碰觸，但日蓮輕輕地揮了揮手表示拒絕，後來，當寫有「南無妙法蓮華經」的掛圖送來時，日蓮才欣喜地合掌，閉上眼睛辭世。

日蓮不是偶像崇拜者，他只是非常推崇《妙法蓮華經》，並且一生誦唸此經。

傳說日蓮在《法華經》中，特別尊崇〈常不輕菩薩品第二十〉。這篇經文更受到在日蓮之後六百年，生於幕府末期的越後國良寬禪師的極度推崇。

較日蓮稍早的曹洞宗開山始祖道元禪師，也極為看重《法華經》，曾說「《法華經》是諸經之王，其他的諸經全是《法華經》的眷族」。

宮澤賢治也奉持《妙法蓮華經》，一生與《法華經》寸步不離。

《法華經》屬於大乘經典，大約成立於紀元五十年左右，到一百五十年之間。在日本受到聖德太子的推崇；平安初期，最澄更因之成立天台宗；到了鎌倉時代，更有日蓮將它體系化，並大力宣揚。

截至今日，《法華經》與日蓮宗廣為流傳，以身延山為本山，寺院數約達五千，信徒估計有一百八十萬人，日蓮正宗、立正佼成會、靈友會等新興宗教，全部衍生自這個系統，日蓮宗更以「南無妙法蓮華經」這七字名號，配合太鼓的鼓音大聲誦唸，是一擁有強烈信仰的團體。

誦唸這七字名號，就如同誦唸《法華經》全卷一般。就藉由高聲誦唸可以得到救贖這一點，與受到日蓮強烈批判的法然等人所提倡的誦唸「南無阿彌陀佛」，可以往生的教示，非常相似。

我們可以說日蓮其實也受到法然的淨土宗影響。

《法華經》裡也教示：「我不惜身命，只惜無上道。」日蓮為了守護《法華經》，推廣佛道，不惜自己的身命。那也正是日蓮經歷百次的法難，卻能全身而退，繼續拓展法華大道的原始動力。

「世間的人們最懼怕的事物，是火災、劍影、肉身的死亡。連牛馬也愛惜自己的生命，何況是人呢？」「將應該愛惜的身命，為法而奉獻，就能成佛。」日蓮如此說道。貫徹自己的信念，終生無悔。

後世的我們實在很難模仿日蓮怒濤般的行動，及光明清朗的人生。

但是，八百年前的日本，出現了這麼一位日本人原型的日蓮，實在是日本人的驕傲。

即使無從模仿日蓮，仍然想效法他的堅強意志。

關於生命的「使命」，基督如何諭示普羅大眾呢？

耶路撒冷的蜿蜒小徑上，三名囚犯受到羅馬兵怒聲逼迫，蹣跚地走著。那是距今兩千年左右的四月某日。

他們的背上背負著一個相當於他們體重的木製十字架，其中一位瘦弱不堪的男子，耐不住疲累及十字架的重量，數度倒地不起。

士兵們見此情況，往往大聲怒罵，命令男子站起身來，於是，犯人們又再度搖搖晃晃地朝各各他丘上的刑場前進。三人之中，看起來最虛弱的消瘦男子，便是耶穌。其他二人則是即將一同處刑的小偷。耶穌大約三十歲左右，由於疲累交加，看起來足足老了十歲。

耶穌因莫須有罪名遭逮捕、處刑，弟子們害怕遭受牽連，四處紛散，逃往遠方的村落去。

被當成罪人遊街示眾，並且即將被拖往刑場的耶穌周圍，圍滿向他丟石頭、叫罵、憎惡他的群眾。雖然才四月，但耶路撒冷卻酷熱不堪。

耶穌以在世間散布古代以色列的傳統律法及預言為使命，並且向人們述說愛與「神的國度」即將來臨。

由於市民們非常歡迎耶穌，祭司及法利塞人害怕市民們的極度相信耶穌，會導致自己的信用下墜，更擔心因此招致君主國羅馬皇帝的嚴厲處置。

於是他們匆忙地召開眾議會，以人民的煽動者、神殿的毀謗者名義，逮捕耶穌，企圖消滅他。

不久，在執刑吏的默契下，開始行刑，士兵們用棒亂打這三名罪犯，並用劍刺傷他們，然後將他們吊上十字架。

經過一小時、兩小時之後，三名罪犯衰弱了。如果天上真有神的存在，那麼，這裡應該會發生奇蹟，罪人們會從十字架上被放下來，神會伸出手抱起他們才是。暫且不管因偷竊罪而遭刑罰的兩人，預言「愛的天國」即將來臨的耶穌，神應該不會坐視不管才對。

但是，救星並沒有出現，在痛苦的三小時後，耶穌氣絕了。筆者對於耶穌因莫須有罪名遭處刑，卻沒有發生奇蹟一事，大大鬆了一口氣。因為世上是不可以發生奇蹟的。

耶穌在自己的生命即將結束時，說了一段與在一旁守護自己的群眾的預想大相逕庭的話。

「主啊！請寬恕讓我遭受這種刑責的人們。因為他們不知道自己在做什麼。」

「主啊！為什麼祢捨棄我呢？」

「主啊！現在我把自己的一切交付在祢手中。」

耶穌痛苦地說道。

耶穌的屍體被亞麻布包裹著，置放在橫穴式的墓中。第三天，婦女們去耶穌的墓地時，發現墳墓是空的，耶穌的屍體消失不見了。

之後，聽說耶穌復活了，並與眾弟子們相會。筆者不想相信這件事。

當耶穌因民族運動的主謀者罪名遭逮捕時，自覺危險而四散逃逸的弟子們，知道耶穌被處刑而覺醒，於是宛如重生一般，變成虔誠的信仰者。他們在「耶穌變成基督」的信念下，開始奔走布教。我為此感到驚訝不已，事實上，這才是耶穌的復活，我相信。

「愛你們的敵人，為迫害你們的人祈禱。」

「用整顆心、整個靈魂、整個思想，去尊敬你們的神。並且彷彿愛自己一般，去愛你的鄰人。」

闡述愛，「信天主者便得救」的耶穌的信仰，非常有力，也是真理。

今日，有十億的人虔信基督教，相信因神的愛而得救，死亡後可以上天堂，這並非沒有原因。

筆者在少年時代，曾出入和基督教有關係的場所兩年左右。但是，後來由於環境改變，之後數十年間，主要在佛教的薰陶之下度過，對基督教的一切並不太了解。

不過，全世界（以歐洲為中心）有十億人信仰基督教，所以我仍對基督教抱持相當的關心。對於在物質文明高度發展的環境中生活的西歐人，平日閱讀《聖經》，上教堂望彌撒的虔誠信仰生活，筆者佩服之心油然而生。

在日本，當然也有很多人信仰基督教，他們對神及基督非常虔敬，過著非常堅定的信仰生活，這種情形我想大家都知道。

島原之亂、長崎的殉教者等的強烈信仰，照亮青史。內村鑑三或賀川豐彥等領導者的行動，也深深刻印在我們心中。現在，筆者想藉由再次拜讀賀川豐彥先生的遺書，來緬懷信徒們對神、愛及死的想法。

> 擺脫地上的悲傷，歸天者懷抱喜悅。可以不需選舉運動。遠離地位名聲，歸天是榮耀中的榮耀。虛弱的肉體受到扶持，走過不安與激鬥，與神同行的生命歸天了。想來有些不捨，死亡不是變成灰，是回歸慈愛的天父身邊。
>
> 地上的生活與代數方程式相似。有係數，也有符號。但在深處的根(root)是不變的。宇宙的創造主所企畫的道路，人類無法隨興地更改。多次元的世界即使看來複雜，只要還原為神的「根」(root)，便不複雜。因為不滅的愛的世界，連邪惡的世界，都可重新化為清淨。
>
> 所有的生命回復為元素，然後，原子不滅。在不滅之下，人類被生成，相信此事者不會不安。法則、能量，全部不滅。「生命」的原理、「契合目的」的

世界也是不滅。這個不滅的事物，超越聚散離合的世界，帶給我們永恆。我們應停止臆測，與無窮的愛相連繫。在那裡，有天。在相對世界的深處，隱藏著絕對者。

天存在我們之中。存在於心中的天，我將回歸。天替我們趕跑所有的恐怖、死亡、災害。被組成的人格世界——靈魂世界，被構成的空氣彷彿無窮無盡般，無窮無盡。即使看不見，空氣也會產生作用。然後，「靈魂」將超越死亡，傳達天的使命，我相信靈魂不滅。

（黑田四郎著《人類・賀川豐彥》基督新聞社）

在死亡的迷惑中，被操縱的千利休的教示

茶道在日本文化中，佔有很重要的一席之地。在日本茶道的創造上，付出最大貢獻的是桃山時代（十六世紀）以來的千利休，及古田織部。

這兩人後來各因秀吉、家康而切腹自殺，這實在是戰國的亂世，才導致兩人死於非命。

千利休是大坂堺保管魚類的倉庫業主之子。後來因為豐富的財力，而受到掌權的織田信長及豐臣秀吉等人的重用，更是廣納當時一些武士為弟子的大宗師。

當時武將們對茶道異常熱中，加上千利休這一號人物，使得茶道成為世上罕見的藝術創造的成果。

室町時代（十四世紀中葉～十七世紀中葉）以足利將軍家為中心，發達起來的茶道，是貴人之茶、書院之茶，重視權威及裝飾等。至於茶具則尊崇中國陶器，也

就是唐物。

承其後的是村田珠光、武野紹鷗、千利休三代，由於他們，書院的茶受到儒、道、佛等思想的影響，再加上日本的自然風土及人情等，使茶道變成充滿素樸、閑寂、幽玄等風味的庶民式茶道。

安土桃山時代，以信長、秀吉為中心的武將們對茶道的憧憬、執著，也是異乎尋常的。

在以血洗血的戰亂時代，早晨披戴戰甲出征，晚上難以預期是否可以返家的日常生活中，個人的生命彷如朝露，混亂的敵我關係，連親人也分不清。

武將們及士兵們，除了向神明祈禱，相信佛，相信自己的命運之外，似乎沒有其他的生存之道。

在那樣的時候，捨棄武器、刀劍，閑靜地享受喝茶之樂，或許才能得救吧。

信長之後的秀吉，雖是平民之身，卻是熟知風雅的武將，或許他是利用茶道，來安撫因戰亂而暴躁不已的諸大名們的情緒，把茶道當成一種懷柔計策。

可能是這個原因，茶道才異常地發達。原本只是一介茶道宗匠的千利休，權力也愈來愈逼近關白秀吉。

在茶道上，利休稱秀吉為築前，秀吉稱利休為休利公，兩人在茶道上是師徒關係。

後來，接受秀吉招待的九州的大友宗麟，寫了一封報告狀寄回故鄉，內容是報告一些面對關係密切的人之間發生的事，利休如何一一妥善處理，並且諸大名們無法與秀吉直接談話，必須透過利休，才能向秀吉報告事項等。

從這裡可以看出利休與秀吉的關係是如何密切，當時利休的權力有多大了。

然而天正十九年（一五九一年），事態起了大轉變。

一介茶道的宗匠，卻握有凌駕諸位大名的權力，實屬破天荒，沒有長久持續下去的道理。最後，利休成為幕府內爭權奪利的工具，更因此獲罪，而受到秀吉的處罰。

關於利休的罪項，後世有許多傳聞，主要是握有過大的權力，招致諸將領（特別是石田三成等人）的嫉妒、怨恨；或者只要有利休寫下的書畫鑑定書或鑑定過的茶碗，便能成為價值連城的珍寶，而他也以此謀利；不然就是曾捐贈寺門給大德寺，還在樓閣上立下自己的木雕像等。上述種種都變成利休獲罪的直接原因。

二月時，利休被軟禁在堺，在堺的自宅中，度過十五日。出發之日，利休離開位於聚樂第的屋宅，乘船下淀川，朝堺前進。當時事態急轉直下，一些跟從利休學習茶道的大名們，畏懼秀吉的手段，一時也都藏匿了起來。

利休在船上，見淀川的乘船處，只有細川忠興及古田織部兩人前來送行。那是擔心老師身家安全與否，而特意前來送行的，相信當時利休一定高興地落淚吧？

古田織部後來創造了「志野・織部」陶藝，是利休茶道的後繼者；細川忠興又稱為三齋，是活躍於織田信長、豐臣秀吉、德川家康三代的名將，妻子是明智光秀之女玉（伽拉莎），精於茶道及詩文，在熊本據城，是日本前首相細川護熙的先祖。

當秀吉命令利休切腹時，大政所（秀吉的母親）及北政所（秀吉的正室）等都曾代利休求情，並派密使予以轉達，然而利休卻說道：「唉！我名滿天下，如果因婦人女子的求情，而得以倖免一死，那後世的人將如何看我呢……」堅辭求情。

被流放到堺時，利休留給女兒阿龜以下的狂歌：

利休啊　無論如何這是你的報應啊
可以成為菅丞相❶

這時，利休的心境，恐怕是堅信這次的放逐是蒙受不白之冤，並且在死後，可以成為茶道的指導者，如同菅原道真一般，永世受到祭拜。

另外，利休還留有遺偈。遺偈是人在臨死之際，將自己的心境以詩文方式表現出來的文章。

人世七十力囲（幾）希
咄吾這寶劍祖佛
共殺

提我得具足

❶譯註：菅丞相是指菅原道真，日本的學問之神。

一太刀今此時
抛天

天正十九年二月
利休宗易居士

有人認為這是模擬中國古代詩人的遺偈而成的，意思非常難懂。寫下《千利休》的作者桑田忠親先生，解釋為：「走過漫長的七十年歲月，想了悟大法，非常不容易。今日，我揮舞可斬斷明暗兩頭的名劍，一舉消滅佛陀與祖師，成為無地位、平凡的真人。」

利休雖出身商人，卻因為參禪，而得以自生死迷惑中超脫，他的氣概足以與視死如歸的戰國武人相抗衡，並且始終不失卻驕傲，迎接死亡。

在茶道上承繼老師千利休，創造志野・織部新意匠陶藝的古田織部，他的功績在日本文化史上，也佔有很重要的地位。

日本的陶藝史，最初是由輸入朝鮮半島的新羅土器展開序幕的，後來因為秀吉的文祿・慶長之役，及李朝陶藝影響，加上模倣中國明清時代的陶磁器等，受到大陸及朝鮮半島的影響非常深。

但是，在古田織部的指導下，創造出的志野・織部等的嶄新、華麗的茶陶，與向來的中國、朝鮮及日本的創意完全不同。雖說古田織部的功力了得，但是想從零到有，創造出新的藝術是不可能的，所以很可能是從中近東、越南一帶的陶藝中，得到靈感並受到影響的。自古以來，所謂的新藝術，都是因為這些靈感，被創造出來的。

現在，陶磁器的介紹就此告一段落。

古田織部於天文十三年（一五四四年），出生在美濃國。屬土岐氏，後來出仕織田信長，成為旗本使番。在秀吉的時代，更被任命為從五位織部正，成為山城西岡的城主。

後來，在霞之原一戰中，隸屬德川家康的東軍。另外在大阪冬之陣時，加入德川軍出陣。在極少易主的戰國時代，能掌握天時、地利、人和，活躍於織田信長、豐臣秀吉、德川家康三位霸天下的人物之下，在在顯示古田織部的卓越處世態度。

然而，很不幸地，織部的么兒九八郎因歸順敵方豐臣秀賴，身陷大阪城內，在不得已之下，父子變成了仇人。

人類，在面臨危機時，對於血濃於水的親情及高官厚祿，該如何取捨呢？情感的自然流露，只有一種可能。身為父親的織部，為了救出身處敵方陣營——大阪城內的兒子，曾數度運用計策。

在盛行權謀術數的戰亂中，織部的所作所為，立刻傳到家康耳中，織部因此獲罪。於元和元年（一六一五年）六月，在伏見自宅中，切腹自殺，享年七十二歲。傳說當時，織部的四名兒子也因同罪而切腹身亡。在臨死之際，沒有人企圖辯解，大家只是安靜地切腹，結束自己的生命。

千利休遭弟子豐臣秀吉治罪，古田織部則受罰於德川家康，在戰爭的非常時期，難道不斷斷師生之愛、父子之情，就無法平定天下嗎？

秀吉、家康都是權霸四方的統治者，非常有智識且明道理，降罪治人或許是不得已而為之的吧？

利休、織部並沒有感嘆自己的不幸，而是從容地死去。

我想，對上天而言，人類在平時及非常時期並沒有太大差別。

平日，當我們思考死亡時，應以先人們在非常時期的處世態度，來面對它才是。

西鄉隆盛是如何找出「天命」的呢？

很抱歉，請讓我從閒談中跨入正題，美國曾流傳一個故事。

有一次甘乃迺總統會見日本記者團時，有一位記者問道：

「總統先生，請問在日本人中可有您尊敬的人物？」

甘乃迺答道：

「上杉先生。」

現代，「在平成不景氣之下，學習良寬禪師的清貧；欲重建經濟，學習米澤藩——上杉鷹山」的呼聲此起彼落，雖然上杉鷹山的名聲重新受到評價，但是年輕人卻鮮少知道他的事蹟。

當時，甚至有記者聽到甘乃迺的回答，卻不知上杉鷹山是何等人物。

甘乃迺為何知道日本幕府末期，東北的藩主——上杉鷹山的事蹟呢？

內村鑑三（一八六一～一九三〇）曾寫下《日本人的代表》巨著。

那時他三十四歲。此書是明治二十七年（一八九四年）十一月出版的，正好是中日戰爭日本於黃海海戰勝利的隔天，內村用英文寫成的（英文名為 *JAPAN AND THE JAPANESE*）。在德國、丹麥等地也翻譯出書，大受好評。

後來改名為《日本人的代表》，翻譯成日文。在這本書中登場的代表性日本人物有五人，分別為上杉鷹山、二宮尊德、中江藤樹、日蓮上人及西鄉隆盛。

美國的名門甘乃迺家族之子，受到良好英才教育的約翰・甘乃迺，恐怕也是因為此書才知道上杉鷹山及西鄉隆盛等人的事蹟吧！

西鄉隆盛是日本人中，無人不知無人不曉的國民大英雄。矗立在上野山上的西鄉隆盛銅像，身著和服，手牽愛犬，虎嘯鷹揚的雄姿，真不啻為國民偶像。

西鄉隆盛（一八二七～一八七七年）幼名小吉，後名為吉之介，號止水、南洲。文政十年（一八二七年）出生在鹿兒島城下加治屋町，父親吉兵衛，母親正，他是家中的長男。

西鄉家是藩的下級武士，當時，德川幕府已岌岌可危，即將獲得重生的日本，到處兵荒馬亂。

亂世出英雄、天才，身為日本南端的薩摩藩的下級藩士之子，卻是催生新日本明治維新的第一功臣，這是必然的結果，還是命運？

目前活躍於相撲界，出身夏威夷的大關武藏丸，據說相貌神似西鄉隆盛，因而在鹿兒島有成員達三千人的後援會支持他呢！

西鄉隆盛是如何受到民眾的敬愛，可從這件事中得到佐證。另外，西鄉隆盛的遠祖，被認為可能是漂流到鹿兒島，來自南方民族的難民船上的人們。

在內有三百年歷史的德川幕府掌控，在外則受制西洋諸國的東漸政策影響，直到天皇制的復興、新日本誕生之前，國民們經歷了一場充滿血淚及艱辛的陣痛。

應該說西鄉隆盛是人品太過高潔呢？還是太過仁義呢？他曾經幾乎與同志僧月照一起投海自盡，也曾因為行動過度激烈，而再度被流放到遠島，備嘗艱辛。最後，西鄉隆盛被視為反抗朝廷的將領，於故鄉城山自刃。雖說那只是暫時的誤解，但或許是因為身為維新的第一功臣，才必須背負這樣的污衊吧？

不過，後來由於福澤諭吉、內村鑑三等有識之士的讚揚，才得以恢復西鄉隆盛的令譽。明治二十二年因憲法頒布，天下大赦，西鄉被追贈正三位，嗣子寅太郎也被授與侯爵之位，西鄉更成為國民英雄的第一人。

西鄉隆盛多彩的勳功生涯，以及身浸儒學，凡事親躬實踐的人生哲學，值得後世無限景仰。

西鄉也留下《西鄉南洲遺訓》一書傳世。這是將西鄉奉為精神導師與景仰對象的人們，將與西鄉接觸時所得到的教誨，結集而成者。

百餘條的金言非常膾炙人口。例如第一首：「立於廟堂之上施行大政乃施行天道，即使箝制我，也無濟於事。」等，是現代的政治家們應該百讀並且實踐的大道理。

另外，「不以人為對手，以天為對手吧！將天視為對手，盡其在我，不責備別人，追求尚未達成的誠」、「不要命、不要名也不要官位的人，會始終困頓。唯有這般始終困頓的人，才能有難同當，共創國家大業」等，每一句話都是日本人非常耳熟能詳的至理名言。

關於死亡，西鄉曾說過：「聖人安於死；賢人習於死；常人懼於死。」我們這些凡夫，不時恐懼死亡的到來；賢人視死亡為理所當然的事；聖人卻能安詳地迎接死亡。

雖然有些佔篇幅，我想向包含我自己在內的後輩們，介紹一些西鄉對於死亡的看法。

> 有生命的個體，一律恐懼死亡。其中感受最深者，便是人類。
>
> 人類恐懼死亡，是理所當然的。只要我們用全身全靈去面對，一直思考，直到不畏懼死亡，就可以體會這個道理。
>
> 我思考。人類在今世被賦與的生命，就是天命。我誕生在今世，總有迎接死亡的時刻。這是天的安排，我將柔順從之。
>
> 我的誕生，是自然成就的事。不曾因誕生而喜悅，並且死亡到訪時，便自然地死去。屆時，我也不因死亡而有些許的悲傷。
>
> 天讓我誕生在這世上，天讓我從這世上消失，一切交付給天，我怎麼會恐懼呢？

所謂的我，是天地的一部分，我的身體是藏有天意的個體，天意的凝結，就是我這所謂的人類。

我的身體毀滅的話，便是天意離我而去。人類死亡之後與人類誕生之前是一樣的，生前與死後也是一樣的。

因為宇宙的規則而出現的我，是超越生死的存在，即使恐懼，也無濟於事。

萬事萬物都宛如世界的早晨與夜晚是交替出現一般，人類的誕生與死亡，也是基於同理。

因為深思出生與死亡，所以應該知曉箇中真理。

那實在是簡單明瞭的事。我們必須努力去理解這個定理。

蘇格拉底為何自己走向死亡？

人類的精神文化是完成於何時的呢？

筆者常覺得不可思議的，是世上偉大的思想家、哲學家、教育家們，都是紀元前數世紀，也就是距今約兩千五百年左右，輩出世上的。

例如印度的釋迦牟尼，誕生於紀元前四六三年左右。中國的孔子、老子、莊子、孟子等，也同樣是紀元前四、五世紀春秋戰國時代的人。

希臘的哲學家蘇格拉底是紀元前四七〇～三九九年；柏拉圖是紀元前四二七～三四七年；亞里斯多德是紀元前三八四～三二二年，不論東、西方，都是大約距今兩千四百～五百年前的人。

筆者以為，那個時代在人類的歷史中，是一個特別的時代，是人類智慧高度發展的時期。

同時，文字被發明出來，紙張也開始問世，促使人類思想有了長足的發展，更得以流傳到現代。

或許三千年前的世界、五千年前的世界也曾出現偉大的思想家、指導者或政治家，只是他們隨著時間的洪流，消失在歷史中罷了。

無論多麼偉大的人物，死亡都會到訪的。古代希臘的大哲學家蘇格拉底卻是自己去迎接死亡的，這一點非常特殊，同時，傳說蘇格拉底選擇了非常偉大的死法。

蘇格拉底被判處死刑，不過，那是可以走避的死刑，友人們也一直勸他逃走，雅典的法庭也希望蘇格拉底快點逃走，但是蘇格拉底拒絕一切，只為了貫徹自己的信念，毅然選擇死亡，舉起斟有毒酒的酒杯，一飲而盡。

當時，對雅典的人們而言，蘇格拉底是擁有強大指導能力的哲學家、文學家及自然科學家，因為他的偉大，所以敵對者非常多。

蘇格拉底對自己的能力非常地自負。在少年時代，彷彿曾遇見戴蒙之類的精靈顯靈，當蘇格拉底欲採取某些行動時，傳說戴蒙曾出聲：「不要做！」企圖阻止他。

相信戴蒙之類的精靈顯靈、託夢或事物的前兆，對當時的希臘人來說，是很普通的事，蘇格拉底的情況更是明顯，甚至與人相處時也極度依賴它。

關於蘇格拉底，曾有以下故事流傳後世。

蘇格拉底曾服過兵役，是裝甲步兵。有一次，在戰場上，他不知想起什麼，在一處站了一整天，一步也不肯離去，直到隔天清晨，隨著太陽昇起，他虔誠祈禱之後，才離去。

蘇格拉底也曾經聽過神這樣告訴他：「在雅典，沒有人能超越你，蘇格拉底。」蘇格拉底想試驗這句話，於是四處拜訪雅典城中，被人稱為傑出人物的人們，他想藉由對話，來驗證神的話語是否屬實。

結果，蘇格拉底確信「在雅典城中，我，蘇格拉底，是最傑出的人」。

這種行動不啻為向世間挑戰的一種行動，蘇格拉底一切只遵從戴蒙指示的行動，受盡世人的責難。

紀元前三九九年，蘇格拉底因「不敬虔」的罪名，遭雅典法庭起訴。告發蘇格拉底的人，是在社會上不具備任何力量、名叫梅雷特斯的男子。然而，背後的主事者，據說是憎惡蘇格拉底平日行動的有權者。

根據訴狀，蘇格拉底的罪行是引導青年們走上腐敗、不承認國家認定的神祇，信服新的精靈（戴蒙），並引進祭祀戴蒙的祭典。

當時雅典法庭採行陪審制，蘇格拉底面對這個控訴，不發任何辯解之辭，只是強調自己的信念正確無誤。結果，二八〇票對二二〇票，蘇格拉底被判有罪。告發者梅雷特斯要求將蘇格拉底處以極刑，傳說蘇格拉底並未提出任何希望減刑的要求。

在當時的雅典，一旦被判處死刑，必須在二十四小時內飲下毒酒。然而那時正逢雅典每年護送祭司的船前往提洛斯島的神聖期間，直到船回航為止的一個月，不可執行死刑。

在那一個月中，蘇格拉底仍然一如往常地與朋友閒話家常。但行刑日還是到來了。

知道行刑日的眾多友人、弟子及家人聚集在獄前，蘇格拉底喜悅地告訴他們，今晨獄卒除去了腳鐐的事。

妻子也抱著幼兒前來，卻因為太過悲傷，只好強迫她及幼兒回家。

黃昏，離行刑日還有整整一天，蘇格拉底祥和、喜悅地持續談話。柏拉圖的《對話篇》曾記載以下的對話：

「確實知道者，就是知；不知者，就是不知，必須確實知道這一點。知道自己的無知，才是人類營生的第一步。」

另外關於「死亡」，又說：「無人能檢視彼方的事物，所以以為死亡是惡而恐懼，或以為是善而喜悅，一切都是過早的判斷，違反知之道。」

在行刑日當天，「死」對蘇格拉底來說，恐怕是最大的問題吧。蘇格拉底更清楚明白地說道：

「首先，我相信我可以到另一世的一些具智慧、善良的神的身旁去；其次，我相信我可以到已過世的傑出人物之處去，所以，我能夠不厭惡死亡。」

「所謂死亡，是靈魂自身體解放出來。所謂死者，只是身體離開靈魂罷了。」

弟子中的一人問蘇格拉底：

「自然學者們認為人死亡，靈魂也會隨之消散，那麼老師認為靈魂不死的證據是什麼？」

「想一想我常說的『相對生成論』，根據傳說，另一世裡，存在著從這一世跋涉而至的靈魂們，然後，靈魂們再從另一世回到這一世。所以，如果生者是從死者再生的，那麼我們的靈魂便存在於另一世，不是這樣子的嗎？

除了人類，想一想萬物吧！例如，美的事物及醜惡的事物，或正確的事物及錯誤的事物，還有其餘無數具有相對關係的事物，在生成時，必定是生成自其相反的事物。

長大，是從幼小成長的；強韌，是從弱小轉變成的；快速、美好、正確，其餘的一切，全部衍生自相對的事物。然而這種生成，不是單方面的，它常常是相互的。

醒與睡，是相反的。睡，是從醒中而來；醒，是從睡中覺醒。同樣地，生與死也是一種相互的關係。死亡，是從生者變成死者；出生，是從死者中生成的。換言之，出生就是重生。

果真如此的話，死者們的靈魂存在於某處，所以，在那裡，靈魂可以得到重生，這一點我們必須知道。」

「事物的存在，有兩種型態。眼睛看得到及看不到的事物。人類、馬、杯子等，是看得見的事物，相反地，『美好』、『良善』或『真理』等，是看不見的事物，靈魂也是看不見的存在。因為看不見，所以認為不存在，是人類的短視。」

在行刑日花費一整日的時間，與友人及弟子訴說的話語，應該就是蘇格拉底一生的思索所得了。

不久，夕陽西下，飲毒酒的時刻來了。

圍繞蘇格拉底的人們，或飲泣或無法忍受當時的氣氛，紛紛奪門而出。

蘇格拉底說道：「現在，我要向眾神祈禱，希望從這一世到另一世的路上，喜悅幸福。」

說完的同時，毫不猶豫地一舉飲下毒酒。

一直在身旁守護的友人克里頓，為死去的蘇格拉底闔上嘴及眼。

始終在一旁守衛的弟子中一人，寫下了下列這段話：

「事實上，當時在一旁的我，真實地感覺不可思議。雖然在面對親近的人即將臨終之際，卻絲毫不覺得『可憐』。那應是那人的態度及言語，洋溢著幸福感所致。」

只有置身極限的人才知道的真理

人必定會死，然而平日的我們卻因工作、家庭的牽絆，而忘卻這件事。這或許是神讓我們忘卻的吧？

不過，有人卻必須一天二十四個小時與死亡對峙，那是被判處死刑，等待行刑的犯人。還有在戰爭時，抱定必死覺悟出擊，及身負炸彈衝向敵艦的特攻隊員們，都屬於這一群。

或許可說幸運吧，筆者尚無直接面對死亡威脅的經驗。

雖然在太平洋戰爭的最後階段曾短暫因關東軍的徵召，而前往北滿洲的陣地，等待蘇聯軍的戰車來襲，但不久後，戰爭便宣告結束，我身為步兵，卻連子彈也未曾射出一發，便棄械投降蘇聯軍。

在遭蘇聯俘虜的兩年三個月裡，一直在零下四十度酷寒的西伯利亞，從事勞動。

在滿洲國及朝鮮半島的男子，幾乎都被帶往西伯利亞，為重建戰後疲弊的蘇聯產業，日夜遭受極度的勞役。其間，有好幾萬名戰友，因嚴寒及營養失調，亡故西伯利亞。

能活著回國的筆者，或許非常幸運吧，但是，戰時及戰後的數年間，對任何人而言，都是非常時期。

遑論戰地的兵士，在後方守衛的全體國民，每日也是搏命地生活著。

但是，在那期間，每個人都有自己會得救的感覺，這應是事實吧！這或許可說是神給予人類的恩寵。

然而，在戰時被選為特攻隊，或被命令懷抱炸彈投向敵艦的飛行員們，當時體驗到的那種面對死亡的情感衝擊，卻是絕對無法掙脫的。那是連別人或許會死，但自己卻可能奇蹟似倖存的一絲希望，都掌握不住的。

站在那樣絕對立場上的人們，腦中會思考些什麼呢？

二次世界大戰期間，全世界，甚至日本，有數百萬年輕有為的青年，失去了他們的生命。從戰爭中倖存的我們，只能一心祈禱他們的英靈，能安詳地昇天。

每當我讀到這些青年們在面臨死亡之際所寫下的遺書時，淚就止不住地落下，無法竟讀。在戰後五十年的現在，就讓我們從《聽，和田津美的聲音——日本陣亡學生手記》裏一位學生的手記，來體會他們的心境，以慰藉這些青年們的靈魂。

木村久夫

京都大學經濟部學生，昭和十七年入營，二十一年五月二十三日，在新加坡成基監獄，因戰犯身份被處以死刑，是為陸軍上等兵，年二十八歲。

（前略）

吸一口氣、吃一匙飯，這一切，對我而言，全是對現世的一種觸感。昨日一人、今日兩人在絞刑臺上，如露珠般消失蹤影。數日之內，也會有人來領我而去吧！在那之前，毫無自覺地襲擊而來的這些事，愈去品嚐，愈發現它們充斥著一種深刻痛苦的味道，令我無限驚訝。口中含著的一匙飯，帶給我舌間難以言喻的刺激，彷彿溶化一般，從喉嚨順勢往胃下滑的觸感，在我閉上眼睛專心品嚐時，這現世的千萬無量的複雜內容，似乎全部化在這一種感覺之中。我曾經想哭，但是我現在連哭的餘裕也沒有了。被壓迫到極限的人，是連生氣、悲觀、眼淚也沒有的，只是珍惜這被賦予的瞬間，並且享受它罷了。思考死亡的瞬間時，還是被恐懼不快的感覺包圍住，我決定在它來臨之前不去想它。然後，在那瞬間來臨之際，即是思考到死亡的時刻時，死亡其實是一件很簡單的事，我這麼安慰自己。

（中略）

如果像人們所說的，還有另一世的話，那麼死後，就可以和祖父母及戰死的學友們相會了。跟他們一起回憶現世的一切，我想那也是一種樂趣。並且，如果真如人們所言，在另一世，我也可以守護父母或妹婿一家了。或許我總是喚醒一些悲傷的回憶，但是也請偶爾想想我的一切，或許反而可以為日常的生活平添一絲勇氣，請朝這個方向去思考。

我的忌日是昭和二十一年五月二十三日。

沒有需要寫的事了。我即將赴死。祝大家好。再見，再見。

一、祝大日本帝國新興繁榮。

一、祝大家健康，生前受大家照顧了。

一、請來見我最後一面。

一、骨灰不會送至家中，請用指甲及遺髮來瓜代。

如朝露般消逝的生命，輕啜晨粥的心悲傷難名

飲啜晨粥，思想起故鄉的父母，父親原諒我吧，母親不要嘆息吧

消逝在遙遠國度的生命的淒涼，遠不及悲嘆的父母的心

弔唁死去友人的讀經聲

聽入我耳，屈指等待自己離開之日
咬指淚流，為遙遠的父母祈福，再會吧再會吧
閉上眼睛思念母親，年幼時的景象不曾消逝
無聲無息地我走了，想不起明日該怎麼寫
微渺的風吹拂著，吹揚沈重心中的塵埃，悲傷
擁抱沒有明日的生命，無心讀文

以下兩首為處刑前夜所作
無懼無悲的絞刑臺，無法擁抱母親的笑顏
風停雨止，清爽地置身朝陽中，明日再見

處刑前半小時擱筆
木村久夫

第四章　迎接死亡的準備

……把心放置何處？如何生活呢？

對孔子而言，「死亡須知」是什麼？

有一說認為人類的歷史長達五十萬年。然而有史書傳世的，大約是最近的五千年左右。在那之前的歷史，只有藉著考古學的發掘等去驗證之外，別無二法。

從殷朝開始，類似文字的記號問世，由於這些文字的存在，我們才能追尋人類文化生活的軌跡。

如果有人問我：「列舉人類的歷史中，留下最偉大足跡的三人。」我一定毫不猶豫地回答：釋迦牟尼、孔子、基督三人。

不過，這只是筆者個人的見解罷了。走訪世界，會發現有許多政治家、軍人也有豐功偉業留傳世間，當然也有人會舉出其他的人物。

但是，政治家或軍人往往因國際關係或時代見解的不同，而有各種不同的評價；在宗教、哲學、教育等領域影響社會的人物，則將超越政治、國家、人種的分別，普遍受到人們的高度評價及尊敬，並且與時代一起擴大影響力。

學習這些人物的生死觀非常重要。在此，筆者想介紹萬世師表——孔子的人生觀及生死觀。

孔子之學，如同《論語》描述地一般，生活在中國春秋戰國亂世中的人們，以修身、齊家、治國、平天下為目標，研修處世的學問。那是人類為了顯榮於世的須知，同時，功利地來說，那也是社會人的「成功之道」。也就是「實學」。

從孔子的學問中，想窺得哲學的、宗教的生死觀，是很困難的。

> 季路問事鬼神。子曰：「未能事人，焉能事鬼？」
> 「敢問死。」曰：「未知生，焉知死？」

這是對於事鬼神及對於死的問題，孔子冷淡的回答。

子路問孔子如何事鬼神，孔子回答：「無法侍奉人，如何侍奉鬼神？」接著子路又問：「敢問死。」孔子又答道：「不知生，如何知道死呢？」

筆者不覺得孔子面對弟子提出的重要問題，採取冷淡的回應方式，孔子是想告訴子路：「子路啊，現在不需考慮鬼神及死亡的問題，只要學習以仁為中心的五常，即仁、義、禮、智、信的人道，並且終生遵守不渝，就可以成為傑出的人物，成為君子。」這是孔子深愛子路的表現。

另外，還有以下的記錄。

> 顏淵死，子哭之慟。從者曰：「子慟矣。」曰：「有慟乎？非夫人之為慟而誰為？」

顏淵離世，孔子慟哭不已。跟隨的成員們說：「子慟哭不停。」於是，孔子回答：「我慟哭不已嗎？如果不是為他而慟哭，那麼，我要為誰而哭呢？」

面對「顏淵之死」，孔子悲嘆：「天喪予。」悲傷最愛弟子之死，縱聲大哭。嚴謹地闡述仁道的天下導師，「與我們一樣，都是人子」令我深深動容。

孔子在川上，見川水不停歇地奔流，不禁感嘆物換星移的快速。

子在川上曰：「逝者如斯夫，不舍晝夜。」

孔子在川邊，見流逝的川水說道：「逝去的事物，就如同川水一般，晝夜不停歇。」

對孔子而言，為了迎接美好的死亡，必須構築美好的人生，他這麼思考著。並且，為了貫徹自己的信念，孔子不作絲毫的妥協，也不示弱。

子曰：「天生德於予，桓魋其如予何？」

先生（在宋國幾乎遭武將桓魋殺害時）說道：「上天授我以德，桓魋之類的惡德大臣，又能對我如何呢？」

當時，魯國國內有三桓專橫，又有陽虎等的暴臣跋扈，把持國政，魯昭公只好亡命鄰國齊國，國勢非常不安定。

重君臣之義的孔子，與弟子們周遊列國十四載，正是因為德之不彰所致。

孔子拜訪衛、曹、宋、鄭、陳、蔡等國的王侯、為政者，闡述仁義之道及禮、樂、政治的要旨，卻沒有一國君主迎立孔子及其弟子參政。

那是由於當時孔子的名聲崇高，大臣們擔心如果迎立孔子，自己的地位就失去保障而使然。

在漫長的旅行中，曾有數次危及性命的事件發生。孔子總是相信上天賦予自己的天命，堅毅地度過種種危機。

信任自己的學問及主義，不違背自己的志向，那麼，就可以毫無所懼地超越死亡。

世界的歷史不停地改寫，各民族的消長也非常顯著。五千年前繁榮於底格里斯河及幼發拉底河的文明，現在何在呢?埃及、羅馬的強大力量又何在呢?

這是筆者的愚見。以日本為中心的韓國、中國、臺灣、新加坡等的太平洋諸國仍然迅速發展中，或許可以將這一切視為是以仁、義、禮、智、信五常為基礎，接受孔孟儒學教育薰陶的子孫們的隆盛吧!這是我一廂情願的看法嗎?

菊池寬「死亡是一種救贖」的真義

筆者年輕時，曾受到菊池寬先生的照顧。那是從昭和十三年（一九三八年）春天開始，持續了大約兩年左右的事，屈指一數，是五十多年前的事了。

筆者考上文藝春秋社，快進社裡報到時，社長菊池先生跟我說：「來家裡玩玩嘛，順便幫我蹓蹓狗。」

當時，居無定所的筆者，非常高興地答應了。在雜司之谷的社長家，養了三隻狗，因為「以前的寄讀生要回故鄉了，所以你來接手」社長這麼說道。於是，筆者寄宿在社長家，早晨清掃玄關，騎腳踏車帶狗去散步，過著寄讀生般的生活。

早晨的工作完成後，便出發到位於內幸町的大坂大樓新館八樓的文藝春秋社上班，負責營業部的工作。

之前曾申請在學緩徵，然而期限已屆，加上戰事急迫，於是接受徵兵檢查，被列為「第一乙種合格」，以現役兵的身份入營。

當時，每位國民都想為國獻力，進軍隊是一件非常光榮的事，也是國民的義務。同時，被譽為大文豪的文藝春秋社社長菊池寬先生，更撰寫〈西住戰車隊長傳〉在報上連載，儼然是國民的指導者。

入營時間迫近，在隔天即將出發到北海道旭川市的時候，我請求菊池先生：「先生，為了入營紀念，請為我寫幾句話。」

「明天早晨給你。」先生明快地答應了。隔天早晨先生遞給我兩張色紙。其中一張寫著：「胸中無三萬卷書，眼中無天下奇山川」，另一張則寫著：「虛往實歸」，字跡非常遒勁有力。

菊池先生的書法，有一陣子被評為：「以文豪的身份來說，實不能稱之為名筆。」先生自然曾經聽過這些話。所以晚年鑽研書法，才寫得一手好字。

對於第一張紙上的「胸中無三萬卷書」，我想它是為了鼓舞即將以士兵身份入營的青年而寫下的；而「虛往實歸」，則是「捨心前往戰場，若能如此，便能平安歸來」，我這麼地理解這兩句話，從容入營。

經歷兩年半的兵役後，我得以平安無事地回到社裡上班。在戰事愈來愈激烈的昭和十八年（一九四三年），內地由於紙張不足，連雜誌也無法順利發行。

當時，由於滿洲國尚有紙張，加上出版報導機關將進出新興的滿洲國，視為國家的方針之一，於是，在昭和十八年秋天，永井龍男及池島信平兩位前輩被派遣到新京市，創立滿洲文藝春秋社，翌年三月，筆者與德田雅彥先生也赴任新京。

社長仍是在內地的菊池寬先生，永井先生是常務董事，池島先生是編輯部長，德田先生是編輯，而筆者則是負責營業的工作。

後來，筆者又接到現地召集，經敗戰，在西伯利亞的兩年三個月的拘禁生活，總算平安無事地安全返鄉，直到今日。

戰後，由於國民全力的奮鬥，國家經濟得以復興，國民的生活也得以安定下來。筆者也回到文藝春秋社，在文藝春秋社工作滿五十年之後退休，如今又過了七個年頭。

在戰時無法讀書，戰後一切都可以進行了。筆者在愛讀的《莊子・德充符篇》中，讀到菊池先生的贈言「虛往實歸」四字。

茲節錄如下：

《莊子・德充符》：

魯有兀者王駘，從之遊者與仲尼相若。常季問於仲尼曰：「王駘，兀者也。從之遊者，與夫子中分魯。立不教，坐不議；虛而往，實而歸。……」

魯國有位腿部殘缺的王駘，跟隨他遊學的人，多得與孔子的門生相若。常季向孔子請教：「王駘是個殘缺的人，在魯國跟他學習的人，與您不相上下。他站著不說教，坐著也不議論；學習者虛心而往，卻能滿載而歸。……」

為即將赴軍隊報到的青年寫下「虛往實歸」的菊池先生的心意，充滿了「一定很艱苦吧，在軍隊中，好好見識一下與現今不同風景的另一世界吧。」的鼓勵。

菊池先生亡故於昭和二十三年（一九四八年）三月六日，享年六十。先生在受託贈字時，常引宮本武藏的話語「吾今生無悔」贈人。另外，也曾有機會聽先生談起生死觀，記得先生曾寫下下列語句：

「我活著，故死亡不來；死亡來臨時，我已不在。我與死亡始終無緣相見，所以我不懼怕它。」

「如果年老，還必須一直活著，實在沒有比這更悲慘的事了。死亡，就人類的生活而言，其實是一種救贖。」

完全是現實主義者菊池先生的想法。

「我活著……」相傳是希臘哲學家伊壁鳩魯（Epikuros，西元前三四一～西元前二七〇年）的話語，理論上應是如此。另外，「如果年老，……」這句話，則充滿男性乾脆、不拖泥帶水的氣魄。

成功者身上總會流傳幾則軼事及怪癖，菊池先生也不例外，而且好像還特別多。在外，是大文豪兼出版社社長，不知道菊池先生的人大概很少很少；在家，他只是一位父親兼丈夫而已。

從以下的軼事及先生的怪癖等，可以看出先生的真性情，或許那正是先生的真實面。

我們常可聽到：「菊池寬穿和服時，腰帶總是拖在地上走著。」或「和服前面總是沾滿煙灰，衣襟部分也總是布滿因香煙燒焦的痕跡。」等等。

我因為寄宿在菊池先生家數年，經常見到那樣子的菊池先生，特別是跟孩子們玩耍、嬉鬧時的先生，簡直就像個頑皮的大孩子。

菊池先生也被譽為「偉大的知識份子」，那全是因為年輕時受盡千辛萬苦，努力讀書，爾後才能成大功立大業的緣故。

至於先生的軼事，有以下這麼一個傳聞：先生在往來上野圖書館時，幾乎讀遍圖書館裡所有的書。在學習英文時，每背誦一頁英文字典，完全背下後，便將那一頁吃掉，最後，菊池先生吃了一整本的字典。

菊池先生在大正十五年，三十八歲時，曾寫下一篇文章〈我的日常道德〉。其中關於人類「生」的談論，非常耐人深思。

——從比我富有的人身上，無論什麼我一概欣然接受。毫不顧忌地接受他們的宴請，總而言之，我在接受別人的給予時，一律不客氣，因為彼此愉快地給予及接受，可以使人生光明起來。接受時欣然接受，給予時痛快給予。

接受別人宴請時，儘量大吃一頓。不好吃的東西，不需要硬說好吃；如果非常美味可口，一定出言讚美。

與人一同進食時，如果對方的收入與自己有一段差距時，便儘量由自己來付帳；如果對方收入可觀，便努力讓對方付帳。

我一點也不客氣，我積極主張自己的價值，也要求別人相對地款待我。我與別人同乘一部車時，即使前座無人，我也絕對不坐。

別人對我的惡評、謠言如果傳入我耳中，我會很困擾。如果知道了，我會採取適當的方式處理，其餘我一律採取「眼不見為淨」的態度。

我常在走動時，和服的腰帶會鬆掉，如果遭人指正，往往心裡會不舒服。腰帶鬆掉，如果自己沒注意就罷了，非常不喜歡因此被糾正，因為即使別人不告訴我，我也會注意到。在面對人生的重大事件時，或許也是一樣吧！

無法如西行一般捨棄一切嗎？

種子剎落花下春死
陰曆二月月滿之時

西行法師於文治六年（一一九〇年）二月十六日，在河內國弘川寺圓寂，享壽七十三年。

這首歌被認為是法師的辭世之言。在法師的代表歌集《山家集》裡，也收錄這首歌。《山家集》是在法師死前十年付梓的。對西行而言，每天都是最後的一日，所以，每一首歌都是辭世之言。

西行是平安時代末期的隱士，也是平安期的代表詩人。他是鳥羽院的北面武士，精於和歌、流鏑馬（騎馬射箭）、蹴鞠等，是文武雙全受人歡迎的大紅人。二十三歲時，他（俗名藤原義清）捨官、切斷與妻子的愛恨情愁，毅然出家。到底他出家的動機何在呢？

是深感世間的無常？感懷出仕鳥羽院時，與身份高貴女子的那一段悲戀？還是因為痛失愛子、悲痛親人猝死？有種種的理由流傳到後世，或許，是這些事接二連三地發生，導致他產生無常觀也不無可能。

西行的時代，正是戰亂頻仍的年代，西行的生年與平清盛❶相同，源氏與平氏爭鬥的保元之亂，是在西行三十七歲時發生的。安元的大火及養和的飢饉是在五十歲的時候，那時天下人互相攻伐，人們一味抱怨世間的無常。

或許在這種時候，人們才會轉而尋求佛道的救贖吧？對精於和歌、較常人易感的年輕西行而言，捨棄人世，以歌人的身份生存，或許正是他的憧憬吧！

化為天空的心是春霞

---

❶平清盛（一一一八～一一八一年）：平安時代末期的武將。打敗源義朝，掃除源氏的勢力，使平家的力量達到前所未有的境地。

不願再受人世束縛

應該珍惜抑或不該珍惜這世間呢
唯有捨身，方能得救

捨身者能真捨棄否
不捨之人無可得

「化為天空的心……」這首歌是西行尚未達成出家宿願前，歌詠自己的覺悟而寫下的。「應該珍惜抑或……」這首歌則是西行還是北面武士時，一邊期待自己的和歌能得到鳥羽院的讚賞，一邊又抒發為了斷絕潛藏在內心深處的煩惱，唯有捨身一途的想法。

另外，在「捨身者……」歌中，為自己捨棄前途看好的武士一職，及溫暖家庭的行動，訴說原由。

在古代、中世，被稱讚精於和歌，是一項莫大的光榮，受到的尊敬是今日精於電腦、英文流利的讚美所無法比擬的。

從奈良時代的柿本人麿因為擅長和歌而被拔擢為王朝的要職一例，可以想見一斑。

西行的歌，在平安末期，有十八首被選錄在《千載和歌集》中；《山家集》是西行出家後的作品；在《新古今和歌集》中，則收錄了九十四首作品，真是一位大歌人，無人不知無人不曉的人物。

根據傳言，西行也曾告訴年輕的明惠上人有關和歌的故事，後來到鎌倉時，也與源賴朝❷會面，談論和歌、武士道等，是非常有名氣的人。

在《西行物語》、《源平盛衰記》相繼問世後，西行也成為中世的代表歌人，芳名留世。

---

❷ 源賴朝（一一四七～一一九九年）：鎌倉時代初期的武將、政治家，是為源義朝的三男。幕府第一代的將軍，是武家政治的創始者。武家政治從賴朝開始，一直到明治維新為止，持續了約七百年。

人功成名就之後，自然會成為一些軼事、美談的主角。軼事或美談或許不是史實，但也有所謂「虛構的真實」，所以，或許可以從中窺見本人神采的一些蛛絲馬跡呢。有關西行的軼事，有這麼一則傳說。

有一天，在名為天中川的渡頭，西行乘坐的船已經客滿了，船夫認為危險不肯開船。於是，乘客中有一名年輕的侍衛，對著僧侶的西行說：「你下船。」一開始便登船的西行，故意裝作不知道。

這時，無法無天的年輕侍衛，揚起皮鞭揮打西行的臉。即使當時的西行一副僧侶裝扮，但是以前可是北面的武士藤原義清，並且還是只要報出名字，便無人不知無人不曉的大歌人，但是西行一點也不生氣，用手按住額頭上流血的傷口，默默地下船。雖說將一身奉獻佛祖，但實在是非常善於忍耐。

後來，出發到鎌倉時，有機會與將軍源賴朝相會。兩人愉快地談論和歌、騎馬射箭（流鏑馬）等，不知天之將明。隔天，西行離開賴朝府時，賴朝將一旁的銀製兔子送給西行。步出賴朝府邸的西行，隨手將銀製兔子送給在門前玩耍的兒童，飄然離去。

隨著歌人西行的名聲遠播，有不少人嫉妒西行的名聲，「既然遁世，就應該一心於佛道修行，卻沈迷於和歌中！」高雄神護寺的文覺上人也是其中之一，平日總說：「像西行這種出家人，下次讓我撞見，我必定重挫他的銳氣。」

然而，某年春天，在高雄的法華會上，出現一位僧侶，這位僧侶說道：「有一位名叫西行的僧侶前來參加法華會，由於賞花賞得太晚，希望能在此借宿一夜，不知是否可以？」

得到文覺的允許，西行於是借宿在寺裡。曾說過「想重挫西行銳氣」的文覺，一整夜盛宴款待西行，並與西行就和歌、佛道暢談許久，隔日早晨更依依不捨地說道：「後會有期。」才告別。

弟子們覺得非常奇怪，文覺說道：「別提重挫西行法師的銳氣了，我才應該多多收斂呢。」

西行的歌中，以詠嘆櫻花的歌為多。或許是詠嘆自然時，每見山川草木，「草木國土悉皆成佛」的佛心便又滲入心扉吧！

實在很難生存於現實的世界吧！古代中國曾有隱者過著從山中眺望滾滾濁世的

生活。

從中世到江戶時代為止，人們尚可離群索居，但是，在現代，卻不太可能如此。如果捨棄人世間的一切毅然出家的話，經濟會頓時陷入困境。我們雖然內心深處蘊藏著「捨世獨居」的念頭，但是卻不得不努力工作，保衛家園。

西行及良寬都是我內心的師表，但我必須為生活打拼、努力工作，作個企業戰士。人人都俯仰在無常之世中，但我們必須「擁有強健的體魄、沒有欲望、絕不生氣、總是靜靜地笑著」。

有人從繁忙的工作中偷閒，跑到深山參禪，培養超然之氣，實在了不起；工作之餘，在星期天上教堂，虔誠祈禱的婦人，神態也美。

在學問的世界裡，觀察遙遠的宇宙星相，在顯微鏡下探查細微的生命的科學家，認為「人類是能呼吸的機械，精神是它的電光石火」，他們在生命即將完結時，從容地走向死亡。

這些人都能活得非常有光彩，擁有卓越的人生。有一點絕不可忘記，那就是所有生物，都是在大自然的法則下被賦予生命的，我們應該感謝，感謝。

總是泰然自適、已故的澤木興道老師的心得

「人活到七老八十還不死的話，實在太無聊了。」

這是被稱為昭和古佛、暱稱無宿興道、受人尊敬的澤木興道老師，在晚年對第一號大弟子內山興正老師所說的話。

內山興正聽說澤木老師在迎接八十歲生日時病倒，急忙趕去京都的安泰寺。就在那時，內山興正聽到澤木老師這麼說。「無宿興道」暱稱的由來，是因為澤木老師一生沒有專屬的寺廟、沒有家、沒有妻子、沒有財產，如同暱稱一般，身無分文、一生坐禪，所以信徒們在敬愛之餘，給老師取了這麼一個暱稱。

筆者非常幸運地曾參加過澤木老師的參禪會，雖然時間很短暫，但是卻直接與老師接觸，並且得以聽聞老師誦唸「信心銘」、「正法眼藏」等。

老師年輕時，參加日俄戰爭，敵軍的子彈從後頸部貫穿口腔，受到重創。可能

是這個緣故，老師說話時，牙齒總是格格作響，不過老師的聲音卻如生銹的鐘聲般，非常響亮。

「人活到七老八十還不死的話，就太無聊了。」到底老師跟弟子說這句話的涵意何在呢？

老師總是說：「只是坐禪成不了大事，所以我坐禪。」更說道：「所謂真的佛法，就是無功德。」八十歲時，老師病倒了，說道：「我不打算在七、八十歲時死。」總而言之，老師是絕不說喪氣話的人。所以他修佛法並不求任何功德，只是一直坐禪。

同時，平常也笑著對身邊的人們說道：「我啊，死的時候，可是喀一聲就走哦！」不然就是：「我死後，打個電話給京都大學附屬醫院，把我的身體捐出去。然後，你們大家去喝一杯就好了，因為聽你們哭泣般的聲音拙劣地誦經，對我可是沒什麼用的。」

關於「無所得」，興道老師曾說過：

「活著時，想有名，想獲得高名聲、得到世人的讚譽、耀人的頭銜、稱號，所做的一切，都是無益的；死後，想留名萬世而處心積慮從事的工作，也是無益的。」

又說：

「山川草木、大宇宙，與人同根源，一切都是一種存續，死亡就如同拜訪鄰家一般。」

昭和四十年（一九六五年）十二月二十一日，興道老師以八十五高齡圓寂了。一生信守世尊的教示，體現真的佛法，可謂是昭和的高僧。

興道老師為了推廣坐禪佛法，終其一生在全國各地旅行、演講，據傳老師的在家弟子多達十萬人。

這樣傑出的人物是如何出現、成大業的呢？就讓我們從他的生涯，來一窺究竟吧！

澤木興道老師於明治十三年（一八八〇年）出生於三重縣。小時取名為才助，父親是多田惣太郎，母親名茂。父親從事製造人力車的事業，生意非常興隆，然而不幸地，父母俱早逝。

相依為命的兄弟姊妹四人，不是幫傭，就是被人收養。八歲的才助原本被父親那邊的姑姑收養，但是姑姑不久後也離開了人世，才助於是被寄放在一身田町作燈籠生意的澤木文吉家中，成為澤木家的養子。

澤木文吉的家位於風塵區中，附近是住了一些騙子、賣膏藥的藥師、賭徒等的貧民街。

才助的養父母們平常什麼事也不做，大大小小的事全落在才助頭上，兩人只是喝酒、打打小牌，完全沒有盡到為人父母的職責，才助真是吃盡千辛萬苦。

幸好才助生來身體健壯，意志堅強，凡事善於忍耐，才逐漸成長為強健的少年。

才助九歲時，附近的風月場所二樓，有人猝死，造成大騷動，才助也到附近去湊熱鬧。那是一位大約五十歲的男子在上樓梯時，突然死亡的事件。

大約是那男子的妻女吧，在一旁嗚嗚哭泣，並悲嘆著：「你這個人哪，要死怎麼會選在這種地方啊！」目睹這一切的才助童心裡，產生了一個念頭「人類是無法瞞著別人做事的，人類連自己什麼時候、會在什麼地方死亡都不知道」。

在那樣嘈雜的環境中，卻有著出污泥而不染、蓮花般純淨的人。隔壁裱裝店的兒子，大才助六歲，叫做千秋，非常喜好學問、繪畫，過著其他人難以想像的清心生活。

才助只要一得空，便往千秋家跑，千秋便教導才助《日本外史》、《大學》、《中庸》等一些學問。

在這樣的生活中，才助了解到人世中，有比金錢、名譽更重要的事物，自己忖思「我大概一輩子做燈籠，然後終老一生吧。希望自己能像隔壁的千秋先生一般，過著清明的生活」，於是離家到大阪。那是十六歲秋天的事。

才助借住在大阪友人的家中，想找一份工作，然而很快地，又被帶回故鄉去。之後，才助勤勉向學，吃盡苦頭，常常跑到寺裡聽師父說法，並且開始認真思考人類應該如何活在真實之道中。才助覺得除了佛法之道，沒有其他的方法。但是，才助沒有進寺院的門路，更覺得自己沒有才能。既然如此，那就試試曹洞宗的永平寺，勵志修行吧。才助下定決心。

老師日後回想自己進入永平寺的第一天情景，如下說道：

終於，我在明治二十九年（十七歲）的六月十日，離開家，飛奔到永平寺。

我選擇永平寺，並沒有什麼特殊的理由，大概只是因為永平寺路途遙遠、不方便，不像在大阪的時候，很容易又被尋著強拉回家，可免除這層擔憂。另一個原因，則是因為真宗的和尚的忠告。

沒有任何行李，只提著一只小田原燈籠，奔離養父母家。途中，先到給自己不少忠告及指導的安濃郡分部村佛生寺的住持家中，告知此次的決定。

住持和尚為了餞別，給了我兩升生米及二十七錢。我提著一只小田原燈籠，帶著生米兩升及二十七錢，穿著一件條紋的和服，那便是我全部的家當。然後我步行了三日，長途跋涉下，終於到達永平寺。到了永平寺，告知一切，請求和尚收留我，但是卻得不到應諾。我連著兩日兩夜不吃不喝，只是一味地請求。

終於管膳房的直藏和尚，不忍見我如此，讓我在工作室做一名男眾，令我可以留在寺中。

對於自己終於達成願望，喜悅之餘，感激的眼淚流個不停。這是我一輩子也忘不了的回憶。

這是澤木興道老師進入寺中，大成為佛教者，被譽為「昭和的古佛」，指導世間數萬佛教徒的機緣。

遮蔽天空的巨木，在幼苗時，也只有一丈高。成為永平寺男眾的才助，後來不斷地修行再修行，勤學、激勵坐禪而得度，並在各地的寺院掛錫，終於取得禪僧的資格。

老師後來也在各地的寺院修行。曾經在某一寺院三年持續坐禪，而成為佳話。老師與熊本的五高學生們之間的關係，完全是彼此誠心的交流。

老師的佛教是曹洞宗，仰慕道元禪師的高風而專心坐禪是老師的風格，不相信怪力亂神，與科學家的態度非常相似。

筆者有幸聽聞老師講道，是在老師提倡「信心銘」的時候。

老師的說法達到高潮時，有一位年輕人因為太過感動，彷彿被附身一般，全身開始震動，向左右轉了一圈。

老師靜靜地看著青年，不久，青年回復鎮定，很害羞地回到自己的座位上。老師見狀，只是說道：「餘興節目完了，進入下一章。」彷彿沒發生過什麼事，宛如生鏽的鐘聲般的聲音，又開始誦唸經文。

老師泰然自若的神態，現在又浮現我眼前，那神態較老師的說道，更讓我印象深刻。

病重的老師，躺在安泰寺二樓的一間望得見雁之峰的房間裡，當生命之燈即將熄滅之際，老師用微弱的聲音向周圍的人說道：

「我一生不信服人類。宇宙非常廣大。每天雁之峰都俯視著我，不停地呼喚我『興道啊！興道啊！』」

說畢，便靜靜地離開人世。

接受「癌症宣判」的岸本英夫博士的處理方式

進入高齡時代，很多人開始談論老年、死亡的事。面對死亡，有人看起來很達觀，有人死心斷念，有人卻非常恐懼。

至於生死之事，當然，宗教家特別是佛教人士，談論的人特別多。

信仰淨土教的人們，及世稱妙好人的人們口中的「往生」，是指在「彼世」重生。

近代之前，或江戶時代的佛教，為了讓庶民們易於了解，於是闡述的「彼世」思想的勸善懲惡地獄極樂說，這恐怕很難讓受近代自然科學洗禮的現代人接受。

但是，我們很想知道賢能的前人們如何覺悟「死亡」。很多科學家們認為，死亡就是化為「無」。會不會「留下一些什麼呢」，切不斷這一絲希望，也是人之常情。

在東京大學研究宗教學的岸本英夫博士，在與皮膚癌抗爭十年後，病故於昭和三十九年（一九六四年）。

博士在生前，以一顆宗教學者的良心，將面對迫近而來的死亡的恐懼、覺悟的心境，發表在雜誌及ＮＨＫ廣播節目中。

雖然我錯失聽博士在ＮＨＫ廣播公司「人生讀本」中談話的機會，但博士在許多場合，對大家自白在突然被告知自己罹患癌症時的驚訝、恐懼，及到臨死之前，自己對「死亡」的想法。

博士在美國已接受頸部的腫瘤摘除手術，手術後，也不覺得有什麼異樣。然而在拆線時，醫師看著他，說道：「你罹患惡性腫瘤。」

在前往醫院的車上時，博士一點也不緊張。但在「被告知」後，回家的路上，難以言喻的、對生命的極度緊張感，震撼全身。

一直以為自己非常健康，某日卻突然被宣告罹患那樣的病症，到底是怎樣的心境呢？筆者完全無法想像。然而，博士卻冷靜地凝視自己的心，告訴大家他的想法。

博士最先思考的事，是死亡之後，會變成如何。接著，又思考死後的生命。

在短暫思考之間，博士了解到一件事，其實最可怕的不是到底死後的世界存不存在，而是不了解到底存不存在，只是一味地臣服於生存欲望之下，勉強地告訴自己死後世界是存在的，企圖安慰自己。

「如果自己變成那個樣子，才是最悲慘的。如果決定信服其中之一，或許便能有所覺悟。這麼一來，如果決定往壞的方向想，那麼就沒有壞事了，我決定這麼做。」博士這麼說道。

博士並不去思考死後是否有美好的世界，可以得到救贖，反而開始思索即使死後一切皆無，也要忍耐下去。

博士在雜誌《在家佛教》（昭和三十七年）裡，說道：

我只是一味思考應儘可能地充實剩餘的每一日。換句話說，如果採取充滿生命充實感的生活方式，那麼，不就能戰勝所謂死亡的恐怖了嗎？

在不經意之下，我思考到死亡是某種很特別的事物，沒錯，是特別的事物。

然而，那是一種離別的時刻，我意識到了。

因為是最後的分離，所以是非常了不得的別離，不過它並非超出我們思考範圍的事物，只是與我們平日不斷出門旅行、換工作、到外國去，伴隨這些異動而來的別離，有非常大的差異罷了，我們稱它為死亡。

死亡並非連手也不敢碰觸的恐怖怪物，而是藉由努力，可以掙脫的一件事。

因此，能夠思考到死亡也是一種分離，對我而言，實在是歷盡千辛萬苦。

在最後，另一項令我驚奇的，是這樣的生活方式並不太可怕，如果沒有罹患癌症，或許我一輩子將了無生趣呢！

所以，我感謝癌症。我愈來愈習於這樣的生活，並且還常開玩笑地說，拜癌症之賜，我可以開始真正的生活，我們家裡是不是該祭拜「癌」大明神呢……等等之類的話。

這是岸本教授的告白，岸本教授在東京大學教授宗教學，是研究世界宗教的大學問家。教授這番經歷認真思索而吐露的心聲，引起大眾莫大的關心。

關於「死」的考察，一般認為佛教展現出最深刻的思維。然而筆者等不斷思索，卻仍難以掌握。

這個問題完全超出人類思維的範疇，正是所謂的不可思議嗎？

思索自己出生以前的永劫時間、自己死後仍持續的永劫時間，及其中某瞬間的暫時的姿態，也就是人類時，或許除了將自己的「死亡」問題、身心都託付給大宇宙的規律、自然真理的趨勢之外，別無他途。

後記

小松正衛

一路行來，我們聽聞了許多古今中外的先知先覺們，對於生死的真知灼見。「生死」，是人類永遠、片刻也不可忘懷的重要人生課題。

思考死亡，同時也是思考生命。很幸運地，得以出生為人類，我們必須認真地思考、盡一切力量努力，完成被賦予的任務，關愛周圍的人及自然的一切，生活在天地間。

所有的一切，是因為我們日常即不忘懷死亡才產生的。因為有死亡，我們的人生才燦爛耀眼。

我們在平時，若想如千利休、古田織部、陣亡學生一般，不時審視死亡，是非常困難，且沒有必要的。這或許是證明我們處在幸福狀況中的證據吧。

現在，回顧自己的七十七年人生路，經歷了大正、昭和、平成三代，也就是戰爭、戰爭結束及其後復興期的苦難時代。不過，現在的生活卻非常地平和。筆者三歲時，雙親因為流行性感冒而離世，筆者的人生出發點可說是很不幸的。但是，幸運的是可以在有抱負的好出版社工作五十年，得享現今的安逸生活。

這或許是不幸帶來的幸運吧。

在精神上，筆者雅好文學、藝術，更立志學習佛法，或許這也是出生環境所致。這樣的年齡、這樣的環境中，被詢及「死生觀」或「死的覺悟」等，實在很難像古聖先賢一般「人生應知之事，皆已知曉」或「生死一如，可以無悔地迎接死亡」等，因為自己的人生際遇，實難與其相較。

筆者一心只想將截至目前學習的諸聖賢的生死觀，引為座右銘，一生努力學習。不過，筆者可以告訴大家一件事。在坊間經常可見的問卷調查中，常可見這樣的問題：「如果人生可以重來一次，你希望擁有怎樣的人生？」

如果詢問筆者這個問題時，筆者並不想回答：「出身好家庭，畢業於好大學，擁有美好的人生伴侶，平和地度過一生。」筆者必須回答：「世間非常艱苦，人生也非常難行，但是，一路行來的人生，我還想再走一次。」

青年時代的苦學，經歷戰敗的苦痛，以俘虜之身在酷寒的西伯利亞度過兩年三個月的強制勞動生活，戰爭結束時，女兒死在航行於日本海的船上……。回首以往，只有心酸、痛苦的回憶。

但是，對於自己一路行來的人生，還是很懷念，那是無可替換的。即使淚流滿面，還是想再走一次吧！自己的人生，或許就是這麼一回事吧！如同江戶時代在民間流傳向民眾傳布的佛教一般，「不需做任何事，坐在蓮花臺上，欣賞曼妙的音樂，觀賞天女仙舞。」那樣的人生，筆者敬謝不敏。

以前，某位卸任的檢察總長曾說過：「人死後，就是垃圾。」引起軒然大波。很可惜，這是一位不知天地之情的人說出的話。也有人這麼說道：「人類死後，有一處名為『彼世』的世界存在，那不是物質而是精神的世界。」在這自然科學萬能的時代，或許沒有人相信吧。

但是，筆者不住地思考。在廣大無邊的宇宙中，精氣匯聚，個人的生命才誕生。所以時間一到，或許自己的生命就會分解，各自又組成別的生命呢！

原本有「全」，而應該沒有「個」的存在。認為有「個」的存在，其實是一種誤解。

超越人類理解之上的宇宙，在無限的時間中，很偶然地，稱為「我」的「個」誕生了。那是幾億分之一的偶然，應該視為非常稀有的幸運。

以人類為首的所有生物，非常幸運得以出生，但同時，卻又是非常可悲的存在。全體必須互相安慰、互相扶持的生存，是大自然賦予的義務。

如同自己的生命，已在過去持續了幾萬年一般，往後將透過子孫、遺傳基因，永遠傳遞下去；自己的精神也將透過親人朋友流傳下去。然後，個體若分解成分子、原子，在某一日，又會組合成別的生命再生吧！

我們不會自覺那是自己的個體，因為一切都是大自然的造化，我們沒有必要知道。只要在自己被授予的八十年歲月中，盡一切努力去生活，就十分足夠了。

另外，在本書中，筆者運用各種方式來介紹的有關賢者們的生死觀，完全是基於筆者自身的解釋整理歸納而成。

並且，與其稱自己為作者，倒不如說是編者。關於引用的部分，盡量載明出處，若有不及之處，還望見諒見諒。

參考文獻一覽表

千利休（千利休） 唐木順三著 筑摩叢書

與死亡的對話（死との対話） 龜井勝一郎 臼井吉見編 文藝春秋

聽，和田津美的聲音（きけわだつみのこえ） 日本戰沒學生紀念會編 岩波文庫

人類的死亡方式（人間の死にかた） 中野好夫著 新潮選書

為了生存的死亡方式（生きるための死に方） 新潮45編 新潮社

日本的有名隨筆「死」（日本の名随筆「死」） 野坂昭如編 作品社

國史大辭典（国史大辞典） 吉川弘文館

蘇格拉底（ソクラテス） 田中美知太郎著 岩波新書

大轉世（チベット死者の書）　河邑厚德、林由香里著　ＮＨＫ出版

臨死體驗（臨死体驗）　立花隆著　講談社

徒然草（徒然草）　西尾實　安良岡康作　校注　岩波文庫

我的死學（私の死学）　推名房男著　非賣品

人生觀、宗教觀（人生観、宗教観）　石丸悟平著　人生創造社

老子（老子）　楠山春樹著　集英社

從死亡之淵（死の淵より）　高見順著　勁草書房

蒙田隨想錄（モンテーニユ随想録）　關根秀雄譯　新潮社

西行・實朝・良寬（西行・実朝・良寛）　上田三四二著　角川選書

細川伽拉莎夫人（細川ガラシヤ夫人）　三浦綾子著　新潮文庫

永平正法眼藏（永平正法眼蔵）　增永靈鳳著　春秋社

月刊「大法輪」（月刊誌大法輪）　大法輪社

月刊「在家佛教」（月刊誌在家仏教）　在家佛教協會

明惠上人（明惠上人）　白洲正子著　新潮社

西郷南洲遺訓（西郷南洲遺訓）　山田濟齋編　岩波文庫

澤木興道語錄（沢木興道聞き書き）　酒井得元著　講談社

生死學叢書書目

揮別癌症的夢魘

羽生富士夫／著
何月華／譯

癌症是現代人健康的頭號殺手，您對癌症認識多少？癌症等於絕症嗎？不幸罹患癌症的話，要如何面對死神的挑戰？具有「上帝之手」美譽的日本名醫，以他個人的切身經驗，懇切地告訴大家，以知識對抗癌症的重要，以及許多與癌症有關的預防、醫療等方面正確的觀念，是重視保健與生命品質的現代人必看的著作。

無生死之道

盛永宗興／著
郭敏俊／譯

面對人生的生老病死，您作何感想？對於世間一切的生生死死、死死生生，感到迷惑不解嗎？請聽日本著名禪師盛永宗興娓娓道來，以生活化、深入淺出的例子，帶領我們參透生與死的迷霧，體會「一期一會」、「遊戲三昧」的生命哲學，活在每一刻當下，生死將不再是人生痛苦的代名詞。

凝視死亡之心

岸本英夫／著
閩正宗／譯

本書是日本已故宗教學者岸本英夫與癌症搏鬥十年的心路歷程。當獲知罹癌，並被宣判只剩半年壽命後，他除了接受必要的手術治療外，也開始思索生命的本質，並陸續寫下手術前後，他在死亡威脅下的心理調適和哲理思考，他也因此將肉體生命從半年延長為十年。這其中艱苦的奮鬥歷程，句句珠璣，斑斑血淚，值得品味。

美國人與自殺

赫華德．庫虛諾／著
孟　汶　靜／譯

本書從心理、文化的角度探討美國人的自殺行為，並以十分具有啟發性的方式，陳述出過去三百年來西方社會對自殺行為的探索過程。作者成功地綜合了西方各學派分歧的自殺行為理論，而發展出一套嶄新且具有說服力的論點，在心理與歷史學界贏得極高的評價，對研究早期華人移民的自殺行為亦有助益。

宗教的死亡藝術

肯內斯．克拉瑪／著
方　蕙　玲／譯

本書以比較性、宗教性的方法，探討世界主要民族與宗教關於死亡、死亡的過程以及來生等等課題所採取的態度與做法。讀者將可發現，書中所列舉的每一項宗教傳統，都在指導它的實行者，不僅在死亡前，同時就在死亡的片刻裡，就能技巧地掌握死亡。死亡可說是一門牽涉到肉體死亡與再生經驗的宗教性藝術。

禪僧與癌共生

鈴木出版編輯部／編
徐　明　達
黃　國　清／譯

一位因罹患癌症而被宣告只剩三年生命的禪僧，如何活在癌症的病魔下，如何掌握人世間的生死，將餘生投注在什麼地方？本書即是與已故荒金天倫老和尚（日本臨濟宗方廣寺第九代管長）交往過的人，藉他們的證言撰集而成的報導文學，將老和尚以三年餘生充實為精神上三十年的生命風采，再度活現於紙上。

死亡的科學

品川嘉也／著
松田裕之
長安靜美／譯

人為何一定得經歷死亡？老年是否真的是人生的累贅？「腦死」就意味著「死亡」嗎？……這些疑問，在本書中都有詳盡的討論與解答。作者從生物學的角度出發，探討與生物壽命有關的種種議題，進而提出人類面對生死問題時應有的認識與態度，是一本將死亡學提昇到科學研究的難得之作。

死亡的真諦

小松正衛／著
王麗香／譯

當被問到：「如果人生可以重來一次，你希望擁有怎樣的人生？」多數的回答可能是出身好家庭，擁有高學歷，事業穩固，平安幸福過一生。但本書作者卻說：「世間非常艱苦，人生難行，但一路行來的人生，我還想再走一次。」是什麼樣的經歷與啟示，讓他如此達觀？請隨著作者一路前行，游入古聖先知的智慧大海……。

輪迴與轉生

石上玄一郎／著
吳村山／譯

「生死事大」，為了探究它，各種哲學與宗教已提出了許多答案，「輪迴轉生」便是其中之一。這種思想出人意料地貫通東西方，幾乎發生於同一時代。它的起源如何？呈現出那些面貌？果真能解決「生死」問題嗎？這些在本書中都有廣泛而深入的探討。

生與死的雙重變奏

齊格蒙．包曼／著
陳正國／譯

對必朽（死亡）的認知與對不朽的追求，深深影響著人類的生命策略。人類社會建制與文化面向的型塑過程中，更存在著「解構」必朽與不朽的辯證和互動關係。而在「現代」和「後現代」社會，這種「解構」又出現了有別於「前現代」的許多變奏。且看包曼教授如何透過集體潛意識的心理分析，從不同角度詮釋「死亡社會學」。在朽與不朽之間，您將重新認識現代人的社會與文化。

透視死亡

大衛．韓汀／著
孟汶靜／譯

本書所探討的論點，主要有下列幾點：一、在什麼樣的情況下，個體才算死亡？二、末期病人有沒有權利決定自己的生與死？三、器官捐贈能不能得到社會大眾的認同，進而成為一件普遍的事？作者以平鋪直敘的方法，為每一個論點作了總整理，提供讀者許多寶貴的資料與觀念，在臨終與死亡尊嚴等議題的探討上，能有進一步的認識。

看待死亡的心與佛教

田代俊孝／編
郭敏俊／譯

本書由八篇演講記錄構成，內容包括親人死亡的感受、個人的瀕死體驗、對死亡的心理準備、佛教的生死觀等，發表者有僧侶、主婦、文學家、醫師、佛教學者等不同人士，從各個角度探討死亡問題。正如主辦演講的日本「置死探生研討會」宗旨所示，如何在老、病、死的人生當中，正視死亡的事實，學習超越死亡的智慧，讓人生更加充實，是現代人的切身課題，值得大家一同來探討。

生命的終結

阿爾芬思·德根
早川一光
寺本松野
季羽倭文子／著
林雪婷／譯

在面對末期病患或臨終的人，甚至是自己生命的終結時，我們能做些什麼？該做些什麼？便是本書所要探討的主題。四位作者分別從死亡準備教育、醫療與宗教、臨終看護等專業的角度，提供他們寶貴的經驗與意見，是關心此一議題的讀者最佳的參考。透過討論死亡，了解死亡，我們的生命必能更加美好。

從容自在老與死

日野原重明
早川一光
信樂峻磨／著
梯實圓
長安靜美／譯

隨著高齡化社會逐漸到來，種種老年心理與生活的調適、老年疾病的醫療、安寧照護等等問題，一一浮上檯面，這也是每個家庭和個人都要面對的問題。本書從接受老與死、佛教的老死觀、老年與疾病、末期照護等等角度，提出許多觀念與作法。藉由思考生命末期與老和死的種種課題，期望每一個人都能獲得一種從容自在的智慧與人生。